Stopp! Moment mal!

Achtsamkeit und Meditation
für Anfänger

Das etwas andere Sachbuch
für Einsteiger
humorvoll, lebensnah, persönlich

von

Katrin Gleiß - Wiedmann

gewidmet:
meiner Familie

Originale Erstauflage

Softcover: 978-3-96967-110-8

Redaktion: Finn Alexander Dubbels

Lektorat: Matthias Kramer

Druck/Auslieferung: Amazon.com oder eine Tochtergesellschaft

Cover: oliviaprodesign

Impressum:

Eulogia Verlags GmbH

Nagelsweg 22a

20097 Hamburg

Deutschland

Wir wünschen viel Vergnügen beim Lesen!

Stopp!
Moment mal!

EULOGIA
VERLAG

INHALTSVERZEICHNIS

Vorwort 2

Kapitel 1: Achtsamkeitsfundament......................... 8

I. Achtsamkeit - was ist das? Welcher Sinn steckt dahinter?.. 8
II. Achtsamkeitsfundament - erste Selbstversuche und Anleitung..16
III. Was genau bedeutet „wertfrei wahrnehmen"?...28

Kapitel 2: Meditation - Herzenszeit......................34

I. Brauche ich da Räucherstäbchen? 34
II. Herzenszeit - Anleitung und erste Selbstversuche...41
III. Was ist der Sinn und Zweck einer Meditation?...72

Kapitel 3: Inselmomente..74

I. Der Körper und seine Signale......................................74
II. Auszeit zum Relaxen...77
III. Körperliche Aktivität...80
IV. Die Schokoladenseite der Karotte 85

Kapitel 4: Mögliche Stolpersteine auf dem Weg zum Ziel..91

I. Negative Denkmuster entschlüsseln und verändern...92
II. Die Meinung der anderen 100
III: Das richtige Zeitmanagement und mögliche Fallen...106

Meditationsempfehlungen.......................................108

Danksagung..109

Autorin...111

Merkblatt für deine Achtsamkeitsübung..........112

Vorwort

Es war einer jener ganz gewöhnlichen Tage, bei welchen ich, wie eben immer, gleich nach dem ersten Klingeln des Weckers, ganz selbstverständlich auf die Überholspur des Lebens wechselte. Schnell duschen, schnell anziehen, ein flüchtiger Blick in den Spiegel, gefolgt von den unbedingt erforderlichen Maßnahmen, um aus dem verquollenen Etwas, das mich da anschaute, ein Gesicht zu malen, schnell die Brotzeiten für die Kinder richten, schnell dieselben wecken, anziehen, mit Frühstück versorgen, das Ganze singend und bestens gelaunt, denn man möchte ja möglichst, neben allem anderen, auch noch eine perfekte und motivierte Mutter sein, während man eben schnell nebenher noch ein paar wichtige WhatsApp-Nachrichten verschickt und ebenso nebenher schnell den Tag umplant, da eine Mitarbeiterin sich krank meldete und man im Perfektionsdrang seinen beruflichen Ansprüchen gerecht werden muss und möchte, damit eben am Ende niemand, und nicht zuletzt man selbst, sagen oder denken könnte, man hätte es nicht drauf. Nicht zu erwähnen, dass man den Kleinen zweimal anziehen musste, weil das liebevoll angerichtete Müsli statt im Magen auf dem Kind und dem Küchenboden landete, was zur Folge hatte, dass man eben auch noch die Küche geputzt hat, während man nebenher die tägliche Diskussion mit dem Großen über Sinn und Unsinn der Schulpflicht führt und in den Pausen dazwischen weiter singt: "Guten Morgen, Sonnenschein!" Bis beide Kinder brüllen: "Mama, nicht singen!" OK, kein

Problem, ist eh schon spät, ab ins Auto und los. Im Auto stelle ich zähneknirschend fest, dass ich nur ein Auge geschminkt habe und ungefähr so aussehe, wie der Küchenboden vor fünf Minuten. Macht nichts, bei 250 km/h sieht das keiner. Der Große trottet mit viel zu großem und unfassbar schwerem Schulranzen los, der Kleine will nicht in der Kindergruppe bleiben und vollführt das tägliche, in höchstem Maße verzweifelte Drama, das sich nach Aussage der Erzieher schlagartig in Luft auflöst, wenn die Mama erst mal weg ist. Man begegnet anderen erwachsenen Erdbewohnern, ertappt sich dabei, wie das tägliche "Hallo" auch zu schnell und etwas zu laut aus einem herausplatzt, direkt gefolgt von den Worten: "Wie geht's?" Für dessen Antwort hat man aber eigentlich gar keine Zeit und diese lautet auch meist so: "Muss ja, ne" oder "wie immer halt" oder auch "frag nicht" oder manchmal auch "nichts Neues und dir?", worauf man, wieder zu schnell und zu laut antwortet: "Danke – läuft, alles gut!"

Auf dem Weg nach Hause schießen mir zwei Worte durch den Kopf: "... und dir?" Tja ... gute Frage, wie geht es mir eigentlich? Keine Ahnung, ich glaube gut, ist ja alles in Ordnung. Ich beruhige mich mit Gedanken wie: "Ich finde es wichtig, dass die Kinder durch mich erleben, dass Frauen eben genauso erfolgreich arbeiten können wie die Väter, dass das alles problemlos vereinbar ist, dass man sich eben nur richtig organisieren muss, dass das ja allen so geht, dass das ja ganz normal ist in dieser Phase, dass es im Job eben immer mal drunter und drüber gehen kann, dass man logischerweise wie alle anderen auch keine Zeit hat für die vielen kleinen Freuden, die man sich früher vielleicht gegönnt hat, – und dass es eben so ist, wie es ist. Du hast das doch alles so gewollt, jetzt musst du da auch durch, irgendwann wird es besser." – Stopp! Moment mal! Wieso eigentlich irgendwann? Ich fahre rechts ran. Plötzlich beginnt mein Atem, irgendwie unkontrolliert schnell zu werden, da passiert etwas sehr Merkwürdiges mit meinen Augen, ein Gefühl, das ich schon ganz vergessen hatte, dass ich in diesem Moment auch gar nicht mehr zurückhalten kann, es überkommt mich einfach so: Ach du liebe Zeit, ich weine! Auch das noch. Das hat gerade noch gefehlt. Madame hat einen kleinen Nervenzusammenbruch. Was ist denn jetzt los? Es ist doch alles in Ordnung – alles so wie immer.

Nach meinem Studium zur psychologischen Beraterin, zum Business Coach, NLP Practitioner und Master, mit den Schwerpunkten Achtsamkeit und Meditation, die mich befähigen, vielen anderen Menschen zu helfen und diese zu unterstützen, müsste ich die Lösung für das, was sich da eben zeigt, doch eigentlich kennen. Ja, tatsächlich kenne ich sie, wie vielleicht viele von uns, es ist ja nicht so, als hätte man davon noch nie gehört – sie lautet: ME TIME – Zeit für mich. Aber wie um alles in der Welt soll ich das auch noch unterkriegen in diesem Leben auf der Überholspur? Anderseits: Was passiert mit mir und meinem Körper, wenn ich einfach so weiter mache und darauf warte, dass sich alles von selbst löst? Was passiert, wenn ich immer wieder auf das Ende einer Phase warte, sei es beruflich, privat oder auch familiär, die dann aber direkt von der nächsten abgelöst wird, sodass sie niemals endet und diese Phase letztendlich zu meiner gesamten Biografie wird – zu meinem Leben? In mir wurde ein Gedanke wach, der ziemlich laut und energisch von innen gegen die Stirn pochte: Das will ich nicht. So will ich nicht sein. So will ich nicht leben. Aber was will ich stattdessen? Wie schön wäre es, tatsächlich auf die Frage: "Wie geht es dir?", eine ehrliche und authentische Antwort geben zu können und den Mut zu haben, diese zu geben? Wie schön wäre es, die Antwort erst mal selbst wirklich zu kennen – mal innezuhalten, statt sich mit Sätzen zu vertrösten wie: „Morgen wird alles besser, bald wird alles ruhiger, irgendwann habe ich wieder mehr Zeit und kümmere mich wieder mehr um mich." Wieso eigentlich irgendwann? Wieso nicht heute? Jetzt, sofort? In dieser Minute?!

Dieser besondere Moment, da mit dem Auto, irgendwo rechts ran gefahren, neben irgendeiner Straße dieser Welt, hat mein Leben verändert. Dieses erste: „Stopp! Moment mal!", sollte nicht das letzte bleiben und mir künftig helfen, die Reißleine zu ziehen. Ich werde ab heute das, was ich jedem meiner Klienten nahelege, was ich in zahlreichen Fachbüchern gelesen und eingehend studiert habe, was auch täglich auf dem Abreißkalender in meiner Küche zu lesen ist, was irgendein schlauer Mensch auf meine Kaffeetasse und sogar auf meinen Badezusatz gedruckt hat, anwenden: "Nimm dir Zeit für dich. Lebe den Moment. Genieße dein Leben." Alles beginnt genau jetzt.

Aber wie? Ich? Miss Workaholic? Miss Perfect? Miss Leistung? Ich, diese 250km/h-auf-der-Überholspur-des-Lebens-unterwegs-Madame? Ja, genau ich und vielleicht auch du.

Zurück zur Frage: Was will ich stattdessen? Das Leben genießen, in Balance sein, glücklich sein, mich gesund und stark fühlen?

Ich möchte dich einladen zu einer spannenden und humorvollen Reise – mit dir Erfahrungen teilen, wie ich die so wichtige ME TIME in mein Wirbelsturmleben integrieren konnte und wie sie sich auch in dein wunderbares Leben integrieren lässt.

Diese ME TIME – MEINE ZEIT beinhaltet für mich drei Komponenten. Als Erstes eine Art "Achtsamkeitsfundament". Das bedeutet, einem Ich-im-Hier-und-Jetzt Raum zu geben, mit dem Ziel, von diesem Fundament aus, in sich ruhend und authentisch Gegenwart, Zukunft und Vergangenheit zu managen.

Als Zweites den guten Kontakt zu mir selbst, die Zeit, die ich mir nehme, meine Gefühle und Gedanken zu sortieren und zu reflektieren, zum Beispiel in Form von Meditation oder Fantasiereisen, meine "Herzenszeit".

Als Drittes die bewussten Auszeiten, die "Inselmomente", in denen ich mir etwas gönne, mich mit etwas beschäftige, das mir guttut, Freude macht, gerne auch in Form von Zerstreuung oder

Beschäftigung mit etwas anderem, wie zum Beispiel ein schönes Buch lesen oder Sport treiben.

Ich wünsche Dir viel Spaß beim Lesen, um mit mir gemeinsam, ganz ohne Räucherstäbchen und Klangschalen, den Weg zu mehr Achtsamkeit, zum Innehalten und zum positiven Denken einzuschlagen!

Kapitel 1: Achtsamkeitsfundament

I. Achtsamkeit – was ist das? Welcher Sinn steckt dahinter?

Dieses Kapitel möchte ich damit beginnen, zunächst zu erklären, was das komplette Gegenteil von Achtsamkeit ist, nämlich das, was mein Leben damals beinahe in Gänze ausfüllte: die Hektik, und mit dieser kannte ich mich aus. Ich möchte fast sagen, Hektik war mein zweiter Vorname, wobei diese besondere Hektik, die mir zu eigen war, so weit ging, dass ich mir einredete, dass es doch eigentlich äußerst gesund sei, den ganzen Tag im gestreckten Galopp durch das Leben zu rasen, zumal für Sport oder ähnliche Zeitverschwendungen sowieso keine Luft war und man sich durch das dauernde Rennen ja trotzdem fit hielt. Das Besondere an meiner Hektik war, dass ich felsenfest davon überzeugt war, dass ich völlig normal bin und andere es nicht sind – also all diejenigen, die sich zum Beispiel tatsächlich die Zeit nehmen, auf dem Kindergarten-Parkplatz ein Schwätzchen zu halten, zum Beispiel über den neuen Edeka bei der Mühle oder über den Essensplan der Woche oder das Wochenende bei den Schwiegereltern, diejenigen, die von ihrem letzten Urlaub berichten oder einen neuen planen, einen Buch- oder Filmtipp austauschen oder andere absonderliche Dinge miteinander kommunizieren. Zum Glück durfte ich immer wieder feststellen, dass ich nicht die Einzige war, die, beladen mit weltbewegend wichtigen Aufgaben, keinen Aufschub duldeten und nach dem Kinderabliefern zurück zum Fahrzeug hetzten. Hektik bedeutete unter anderem auch die Kinder mit den Namen der Kaninchen anzusprechen, das Handy, mitsamt dem Einkauf, im Kühlschrank zu verstauen oder sich während des Autofahrens zu fragen: „Wo hab ich den Autoschlüssel?" Was Menschen, für die diese Hektik zur Normalität geworden ist, gar nicht brauchen können, sind Sprüche wie: „Jetzt mach halt mal langsam, immer mit der Ruhe, schalt mal ´nen Gang runter. Eile mit Weile." Wie sollte das auch nützlich sein, wenn man eher von Sätzen getrieben wird wie: „Wenn ich das Mittagessen weglasse, hat der Tag auch 25 Stunden." Mit anderen Worten: Hektik gehörte zu meinem Leben wie Gummistiefel zu Ostfriesland – sie war völlig normal und unvermeidbar. Es musste einfach alles schnell gehen. Das Besondere an meinem hoch intelligenten Zeitmanagement war, dass ich mich so wahnsinnig beeilte, damit am Ende eventuell Zeit übrig blieb – also Zeit, die ich dann, wenn ich schneller war als die To-do-Liste, mit neuen Punkten auf derselben füllte. Das muss halt alles weggearbeitet werden, damit dann später genug Zeit ist für ... mich. Leider stellte sich diese Zeit für mich aufgrund der sich völlig selbstständig und blitzschnell erweiternden To-do-Liste nicht ein. Im Gegenteil: Irgendwann fühlte es sich so an, als würde ich durch das Abarbeiten meiner Liste ja eigentlich auch was für mich tun, weil ich nämlich tatsächlich herzlich gerne arbeite und auch herzlich gerne viel. Arbeiten war doch schließlich auch etwas, das ich für mich tat. Meine Kinder waren ebenfalls ein Luxus, den ich mir gönnte – und somit war doch eigentlich alles, alles paletti. Dass bei der ganzen Hektik das ein oder andere schief lief, gehört zu den gewöhnlichen Ups and Downs des Lebens. So zum Beispiel der einmal jährliche Festplatten-Crash, die angebrannten und zu Plastikklumpen verklebten Schnuller auf dem Herd, die eigentlich nur mal kurz ausgekocht werden sollten, aber dann doch vergessen wurden. Auch der gebrochene Zeh gehört auf die Liste der Stress-Missgeschicke, weil man zu schnell oder auch hektisch zwischen Spülmaschine und Herd hin und her hüpfte, ebenso wie die zahlreichen Was-wollte-ich-jetzt-nochmal-im-Keller?-Momente, wo man da steht und nicht mehr weiß, warum man eigentlich irgendwohin gegangen ist, einfach weil man unterwegs gedanklich schon zehnmal abgebogen ist. Aber das ist alles ja ganz normal und eben das pure Leben.

Zusammengefasst ist das alles so ungefähr genau das Gegenteil von Achtsamkeit und, da ich irgendwann, an besagtem Tag, auf besagter Straße beschloss, dass das alles eben nicht mehr normal sein muss, begann ich, mich dem Thema Achtsamkeit ausführlicher zu widmen.

Ich muss gestehen, als mir dieses Wort zum ersten Mal über den Weg lief, konnte ich mich der Assoziation von Räucherstäbchen, Klangschalen und einer religiösen Esoterik nicht entziehen. Da ich mich grundsätzlich schon als emotional, aber doch bodenständig betrachte, war ich etwas skeptisch, obwohl ich mir, durch meine Ausbildungen und meine Erfahrungen mit Klienten, völlig bewusst darüber war, wie unfassbar wirksam Achtsamkeit (englisch: Mindfullness) sein kann.

Die Ursprünge der Achtsamkeit sind tatsächlich im Buddhismus zu finden, wo dieselbe als Grundlage für die Meditationspraxis sowie als wichtiger Bestandteil einer religiösen Weltanschauung verstanden wird. Achtsamkeit sollte nicht verwechselt werden mit Begriffen wie Aufmerksamkeit oder Konzentration. Beide werden im Allgemeinen als Fokussierung auf eine bestimmte Sache definiert und beschreiben eine Zuwendung zu etwas Spezifischem, wie zum Beispiel aufmerksames Zuhören oder konzentriertes Lesen. In beiden Fällen ist die Bewertung dessen, was man hört oder liest, nicht frei von der eigenen persönlichen Meinung, nicht frei von Bewertungen oder Interpretationen. Die Achtsamkeit dagegen legt alle Selbsturteile über eine Situation oder einen inneren Zustand beiseite, in dem sie einfach nur feststellt und wahrnimmt: sowohl das, was in mir vorgeht, als auch das, was mich konkret umgibt. Die buddhistische Lehre beinhaltet viele wunderbare Denkansätze und, wer sich dafür tiefergehend interessiert, ist herzlich eingeladen, sich damit näher auseinanderzusetzen. Trotzdem erheben die Achtsamkeits- und Meditationsansätze dieses Buches nicht den Anspruch, in irgendeiner Weise buddhistisches Gedankengut zu vermitteln. Ganz im Gegenteil: Es geht nicht um die Verbreitung einer Weltanschauung, sondern um die Möglichkeit, den eigenen, zumeist westlich geprägten Alltag durch einfache und wirkungsvolle Methoden zu bereichern und entspannte

Bewusstseinszustände dem Stress des modernen Daseins entgegenzusetzen. Zahlreiche wissenschaftliche Studien belegen, dass Menschen, die zu diesem besonderen Bewusstseinszustand fähig sind, im Allgemeinen zufriedener und glücklicher leben, weshalb Themen wie Achtsamkeit und Meditation auch ihren erfolgreichen Weg in Bereiche wie Therapie und Coaching gefunden haben. Zugegebenermaßen ging ich zunächst davon aus, dass das ja für Menschen gedacht ist, die irgendwelche Probleme haben – und die habe ich ja ganz offensichtlich nicht, also ist es auch nicht nötig, diese tatsächlich anzuwenden –, bis eben zum besagten Tag, an dem sich vieles für mich ändern sollte. Ich würde auch heute immer noch behaupten, ich habe keine Probleme, zumindest nicht mehr als andere auch – so ist eben das Leben, stressig und voller Herausforderungen. Aber genau das alles kann man ebenso oder auch ... anders wahrnehmen und angehen und so auch ... glücklicher leben.

Im Grunde geht es bei der Achtsamkeit darum, den gegenwärtigen Augenblick, das momentane Erleben, die eigene körperliche und geistige Verfassung einfach nur wahrzunehmen und ganz im Hier und Jetzt zu sein – und das, ohne Selbst- oder Fremdbewertung und ohne Ablenkung von Gedanken, Fantasien, Zukunftsplänen und Vergangenheitsreflektionen.

Ein merkwürdiger Zustand – denn sind wir nicht zumeist ein Stück weit darauf gepolt, in unserem straff organisierten Alltag das Gleich, das Später, das Morgen und letztendlich das ganze Jahr möglichst haarklein geplant vor dem inneren Auge zu haben, allzeit bereit, diese Pläne den alltäglichen Veränderungen anzupassen, aber doch eben mit den Gedanken gewohntermaßen im Morgen? Oder aber wir hängen in vergangenen Augenblicken fest und wälzen im Geist Worte, die uns verletzt haben, Situationen, die uns nicht guttaten, oder Gespräche, deren Ausgang wir gerne ändern würden. Wie oft gelingt es mir und vielleicht auch dir tatsächlich und ganz bewusst, im Hier und Jetzt zu sein – und dieses mit allen Sinnen am Ende auch noch wertfrei wahrzunehmen? Welcher Sinn steckt überhaupt dahinter und laufe ich nicht Gefahr, wichtige Dinge aus dem Blick zu verlieren, wenn ich mir erlaube, das Gleich, das Später, das Morgen, das Vorher und Gestern für einen Moment zu vergessen? Ich kann dich beruhigen: So ist es nicht. Man vergisst es nicht. Ganz im Gegenteil: Es tun sich sonderbarerweise neue Ideen auf, fast so, als hätte man durch diesen kurzen Augenblick der Achtsamkeit ein inneres Rohr freigepustet und wieder Zugang zu gedanklichen und verhaltensbestimmenden Ressourcen gewonnen, zu denen der Weg versperrt war.

Und hier kommen wir zum Sinn und Zweck der Achtsamkeit. Es ist schon erstaunlich, dass so ein verhältnismäßig winziger Denkansatz laut zahlreichen Erfahrungsberichten und Studien so viel bewirken kann: Bessere Aufmerksamkeit und Konzentrationsfähigkeit, mehr Zufriedenheit, Flexibilität, Optimismus, innere Ruhe, Gelassenheit und nicht zuletzt mehr Lebensfreude – um nur einige zu nennen. Fast wie ein Zaubertrank, der nebenbei nichts kostet und der jedem Menschen jederzeit uneingeschränkt zur Verfügung steht. Wenn man so etwas liest, stellt man den Wahrheitsgehalt all der wunderbaren Konsequenzen fürs eigene Leben schon ein wenig in Zweifel, ist man es doch gewohnt, dass Dinge, die einem das Leben erleichtern und verschönern, normalerweise aufwendig produziert wurden und zumeist die Haushaltskasse doch merklich belasten, wie zum Beispiel die Anschaffung eines Massagestuhls. So machte auch ich mich auf die Suche nach der Wahrheit hinter all den Lobpreisungen und musste, zu meinem großen Erstaunen, feststellen, dass es tatsächlich stimmt. Zugegebenermaßen funktioniert die Achtsamkeit nicht wie eine Tablette, die man bei Kopfweh einwirft, und eine Stunde später ist es weg. Es ist ein Prozess, der sich langsam, aber sicher, wie ein schützender Mantel, den ich selbst nach Belieben an- und ausziehen kann, um das eigene Leben legt. Eines Morgens, nachdem ich meine neuen Methoden schon ein paar Wochen angewendet hatte, wachte ich auf und stellte fest: Es ist anders als noch vor einem Monat. Ich begann meinen Tag, machte mich an die Arbeit und stellte eine Veränderung fest. Ich begegnete Menschen und Kollegen und spürte: Es ist anders – ich bin anders. Ich bin kaum zu glauben ruhiger, grundsätzlich positiver, geduldiger, gelassener. Irgendwie ist alles nur noch halb so schlimm, das Glas meist halbvoll statt halbleer. Auch größere Stressbelastungen stecke ich irgendwie leichter weg, was sich dadurch bemerkbar macht, dass mir tatsächlich Gedanken kommen wie: "Krass, früher wärst du da ausgeflippt." Meine Konzentrationsfähigkeit hat deutlich zugenommen, was vor allem daran liegt, dass es mir besser gelingt, was auch immer ich gerade tue, bewusster im Hier und Jetzt zu tun, statt gleichzeitig 20 Dinge, die geistig nebenbei von zahlreichen Gedanken über Morgen, Übermorgen, Gestern und Vorgestern begleitet waren. Jetzt ist das vielmehr JETZT und dieses Jetzt fühlt sich so richtig an. Was weiß ich denn wirklich über Morgen und Übermorgen und was kann ich denn tatsächlich am Gestern oder Vorgestern ändern? Reichlich wenig! Jedoch meine Einstellung, meine Meinung, meine Urteile über dieselben, die kann ich ändern, indem ich die Dinge vertrauensvoller und gelassener angehe. Im Grunde decken sich meine Erfahrungen mit den Ergebnissen, die auf sämtlichen Plattformen im Netz als Vorteile, Sinn und Zweck von Achtsamkeit verbreitet werden. Und ganz ehrlich: Hätte ich es nicht selbst getestet, würde ich es auch nicht so recht glauben. Man sollte es einfach mal ausprobieren, kostet ja nicht einmal viel Zeit und kann doch so bereichernd sein. Mein Rat an jeden, den die Neugierde gepackt hat: Versuche es und vertraue dem Prozess!

II. Achtsamkeitsfundament – erste Selbstversuche und Anleitung

Wie geht das also mit dieser Wunderwaffe Achtsamkeit? Ich beginne mit meiner ersten Übung beim Duschen. Es soll dazu gesagt sein, dass diese Dusche wie immer schnell gehen muss, aber eben heute Morgen mit einem achtsamen Moment bedacht. Da stehe ich also unter dem laufenden Wasser, im Kopf die Hoffnung, dass die Kinder heute bitte nicht zufällig früher wach werden, sodass ich Zeit habe, meine Achtsamkeit zu üben. Für einen kurzen Moment lenke ich meine Aufmerksamkeit auf mich und meine fünf Sinne: Was tue ich gerade? Was sehe ich? Was höre ich? Was spüre ich auf meiner Haut? Wie riecht es? Wie schmeckt das Wasser? Wie fließt meine Atmung? Was macht meine Mimik? Und wie fühle ich mich, gerade jetzt? Es dauerte ungefähr 60 Sekunden und mein innerer Dialog klang ungefähr so: "Einfach herrlich, ich dusche, der Vorhang schwingt langsam hin und her, ich höre die Tropfen auf meiner Haut und auf dem Boden und das Geräusch des Wassers in der Leitung, es ist warm auf der Haut, das Duschgel duftet und das Wasser schmeckt süß. Ich atme ruhig und tief und schließe unweigerlich die Augen und spüre im Körper so ein seliges Wohlgefühl." "Mama!!!!" – so, das war's, weiter im Programm – aber dieser erste Moment der Achtsamkeit war meiner. Man soll es nicht glauben, die Dusche dauerte nicht viel länger als sonst und doch der restliche Morgen lief erstaunlicherweise irgendwie entspannter als sonst, obwohl mein Kleiner, während ich die alltägliche Schulsinn-Diskussion mit dem Großen führte, das Badezimmer unübersehbar und ausgiebig, also überall, mit dem Familienstempel neu gestaltete und drei angebissene Äpfel im selben dekorativ verteilte. An diesem Morgen musste ich schwer an mich halten, auf die Frage: "Wie geht's?", nicht gleich meinen ultimativen Duschmoment ausführlichst mit der ganzen Welt zu teilen, aber mich erfüllten doch die möglichen Reaktionen mit Sorge wie: "Die hat sie nicht mehr alle - jetzt dreht sie völlig durch", gepaart mit der Tatsache, dass ich mich ja nicht auf einer Mission befand, anderen, die das gar nicht wollten, meine Lebensweisheiten aufzudrücken, sondern einfach nur Gutes für mich tun möchte. Aber tatsächlich fühlte sich meine gewohnte Antwort: "Läuft - alles gut", viel authentischer an und ich möchte behaupten, sie hat auch anders geklungen.

Der Rest des Tages lief im selben Tempo wie immer, aber abends im Bett konnte ich mich noch gut an meinen Duschmoment erinnern. Ich hatte den Augenblick bewusst erlebt, im Hier und Jetzt, mit allen Sinnen. Ich möchte die gewagte These aufstellen, dass sich diese 60 Sekunden in meinem Gedächtnis tiefer eingeprägt haben als die restlichen 1.300 Minuten des Tages.

Und das ist es. Wie oft höre ich Sätze wie: "Die Zeit rast; Schon wieder ein Jahr rum; Ich weiß gar nicht, wo die Zeit geblieben ist; Was, schon wieder Weihnachten?"

Ich möchte gar nicht, dass die Zeit rast, ich möchte nicht, dass ein Jahr sich anfühlt wie ein Monat, ich möchte doch mein Leben genießen!

Häufig misst der Mensch seine Zeit und sein Erleben an den Highlights, an den besonderen Momenten, ob positiv oder negativ, die für uns außergewöhnlich oder prägend waren, und deshalb in der Erinnerung und der Reflektion einen sicheren Platz finden. All die Millionen anderer Momente verflüchtigen sich – und so fliegt die Zeit und wir mit ihr, statt alltäglich diesen Augenblicken des bewussten Wahrnehmens Raum zu geben, um dadurch nicht nur entspannter und zufriedener zu sein, sondern auch einen bewussteren Umgang mit der wertvollen Ressource Zeit zu pflegen.

Wie geht das also nochmal mit diesem bewussten Wahrnehmen? Der Volksmund und ebenso die Wissenschaft sprechen von fünf Sinnen, die den Homo sapiens durchs Leben begleiten: Sehen, Hören, Fühlen, Riechen, Schmecken. Manche Menschen sind aus physiologischen Gründen nicht in der Lage, alle fünf Sinne zu nutzen, doch verfügen diese besonderen Menschen über eine Ausprägung anderer Sinne, die vielen anderen verborgen bleiben wird. So kann ein Blinder über seinen Hör-, Geruchs- oder Tastsinn weitaus mehr empfangen als Sehende. Jeder hat also die Fähigkeit in die Wiege gelegt bekommen, mit diesen uns verfügbaren Sinnen das Leben wahrzunehmen und zu fühlen. Es geht darum, sich in bestimmten und selbstgewählten Momenten zu erlauben, das Hier und Jetzt bewusst wahrzunehmen – und das mithilfe unserer Sinne.

Hier sind, wie oben bereits erwähnt, neun Fragen entscheidend, die ich mir, wann immer ICH es möchte, still und leise stellen kann:

- *Was tue ich?* – Also, was mache ich gerade in diesem Moment?
- *Was sehe ich?* – Hier darf man seinen Blick schweifen lassen und sowohl die Umgebung als auch sich selbst und das, was man ebenso aus seiner Perspektive sehen kann, aufnehmen.
- *Was höre ich?* – Welche, vielleicht auch unterschiedlichen, Geräusche umgeben mich gerade?
- *Was fühle ich?* Auf der Haut, im Haar – wie ist der Untergrund, auf dem ich stehe, sitze oder liege, beschaffen?
- *Was kann ich riechen und was schmecken?* – Ich rieche und schmecke den Apfel ganz bewusst.
- *Wie fließt meine Atmung?* – Langsam oder schnell, tief oder flach, gleichmäßig oder unterbrochen?
- *Was macht meine Mimik?* – Sind Kiefer, Zunge und Gesichtsmuskeln locker oder angespannt, lächle ich oder ist mein Ausdruck ernst?
- *Wie fühle ich mich?* Zum Beispiel müde oder wach, niedergeschlagen oder optimistisch, leicht oder schwer.
- Jede Wahrnehmung soll wertfrei und ohne weitere Gedanken einfach nur "festgestellt", also wahrgenommen, werden.

Am Ende des Buches findest du eine Liste, mit genau diesen neun wichtigen Fragen, die du auch heraustrennen kannst, um sie am Kühlschrank, in der Hosentasche oder am Badezimmerspiegel zu platzieren. Das hilft dir, dich grundsätzlich an deine achtsamen Momente zu erinnern, aber natürlich auch dabei, die Fragen auswendig zu lernen.

Achtsamkeit bedeutet tatsächlich, einen anderen Bewusstseinszustand anzunehmen. Das klingt zunächst befremdlich, da man sich selbst und sein eigenes Bewusstsein doch meist für grundsätzlich richtig hält und eine Veränderung desselben eher als bedrohlich, fremd oder auch selbst distanziert bewertet. Man verbindet eine Bewusstseinsveränderung erfahrungsgemäß vielleicht eher mit dem berühmten Gläschen zu viel auf einer Party. Ja, auch das ist ein anderer Bewusstseinszustand, der uns, da wir ihn kennen, wenig bedrohlich vorkommt – und erstaunlicherweise vielleicht teilweise selbstverständlicher zu unserem Leben gehört wie der Zustand der Achtsamkeit. Die gute Nachricht ist: Achtsamkeit ist keinesfalls ungewöhnlich, unnatürlich oder abgehoben. Man bewegt sich nicht plötzlich in anderen Sphären, wie so mancher meiner Klienten befürchtete, oder schwebt geistesabwesend durch den Alltag. Ganz im Gegenteil: Ich möchte behaupten, dass uns die Achtsamkeit von Geburt an in die Wiege gelegt wurde und Kinder ganz selbstverständlich ihrer Achtsamkeitsfähigkeit nachgehen. So erlebe ich es häufig, wenn ich mit meinen Kleinen Abenteuerausflüge ins Grüne unternehme und dort regelmäßig durch sie auf viele Dinge aufmerksam gemacht werde, die mit meiner Sinneswahrnehmung vielleicht bemerkt, aber unbewusst und rasend schnell als unwichtig vom Gehirn bewertet wurden und so ihren Weg ins Bewusstsein nicht finden konnten. Sei es ein Regenwurm, der sich gerade in die Erde bohrt, oder eine ansehnliche Pfütze, die mit Anlauf und unter Beteiligung aller Sinne erkundet werden möchte.

Dasselbe passiert, wenn man miteinander spielende Kinder beobachtet. Da kommt es hier und da zum Streit, es werden Gemeinheiten hin und her geworfen, meist ist der Grund ein Spielzeug und die vehemente Klärung der Besitzverhältnisse oder die Rollenverteilung, wenn zum Beispiel Mamas Büro zur Kommandozentrale eines Polizeireviers erklärt wird. Hier wird heftig gestritten und mit Worten wie: "Mit dir spiele ich nie wieder!", der eigene Standpunkt vertreten. Aber schon kurze Zeit später herrscht wieder Frieden, Freude, Eierkuchen und es wird herrlich gespielt und gemeinsam die Welt erkundet. Es ist nicht so, dass man dem kleinen Erdbewohner, der zunächst seine Spielbeteiligung für immer und ewig auf Eis gelegt hatte, Inkonsequenz oder gar Lüge vorwerfen kann. Nein, in diesem Moment, in diesem Augenblick des Disputes war es für ihn genau so richtig, im Hier und Jetzt. Ebenso ist kurze Zeit später eben ein anderes Hier und Jetzt und somit auch eine offizielle Aufhebung unnötig oder gar ein komplettes Vergessen der vorherigen Drohung völlig normal. Das Kind quält sich nicht für den Rest des Tages mit seinen Bewertungen und Urteilen über die Situation, sondern spielt – jetzt. Durch Lernerfahrungen, Erziehung, Vorbilder, Werte und Regeln unserer Gesellschaft wird uns diese Fähigkeit Stück für Stück aberzogen und wir lernen, unser Verhalten ständig zu reflektieren, zu bewerten, zu analysieren und alle möglichen Konsequenzen einer Situation blitzschnell gedanklich durchzuspielen. Besonders Eltern kennen diese besondere Art der Achtsamkeit, oder nennen wir es Aufmerksamkeit, die uns befähigt, innerhalb von Sekunden mithilfe unserer Sinne die Umgebung zu scannen und mögliche Gefahrenquellen zu identifizieren und entsprechend zu handeln. Hier pflegen wir eine notwendige Aufmerksamkeit, die aber von einer starken Bewertung motiviert wird, nämlich zu entscheiden, was gefährlich ist und was nicht. Ebenso ganz selbstverständlich gutes von schlechtem Obst zu unterscheiden durch Sehen, Riechen und auch (nicht ganz anständig, aber doch gängig) Fühlen. Das ist eine wunderbare Gabe und wichtig für unser Leben. Doch was spricht dagegen, neben unserem analytischen Verstand, wenn auch nur für einige Momente des Tages, achtsame Momente zu wagen und, wie die Kinder, einfach mal nur zu sein, DA zu sein, den Augenblick zu leben, statt zu analysieren, zu bewerten oder zu interpretieren?

Ebenso lassen sich achtsame Momente nicht nur ins privat Leben integrieren, sondern auch in den beruflichen Alltag. Meine erste Erfahrung damit machte ich einige Tage später. Es stand ein Meeting mit einem Auftraggeber bevor, genauer ein Krisen-Meeting aufgrund von einer unvorhergesehen Planänderung. Bevor es losging, ertappte ich mich bei bei einem Haufen negativer Gedanken, die sogleich wieder innerlichen Stress auslösten und unweigerlich eine deutlich spürbare körperliche Hektik auf den Plan riefen: „Ich sag besser nichts, wird doch sowieso wieder einer was dagegen haben" und "die schaut schon wieder so kritisch, das gibt bestimmt wieder Diskussionen" oder auch "jetzt muss ich bestimmt nochmal ganz von vorne anfangen, weil sich wieder alles geändert hat, denen ist das ja egal, die wissen ja gar nicht, wie viel Arbeit da drin steckt ... bla bla bla ..." Stopp! Moment mal! Da war es wieder, mein Slogan, den ich seit meinem ersten Erlebnis nun des Öfteren anwende. Was sollte diese destruktive Haltung? Ist das wirklich hilfreich? Mit welchem Recht maße ich es mir an, zu wissen, was gleich passiert? Gut, es gibt Erfahrungswerte, aber wer sagt, dass es diesmal wirklich genauso laufen wird? Und wie gestresst fühle ich mich sowohl vor, während als auch nach dem Meeting, wenn ich mich diesem Pessimismus hingebe und daraus am Ende sogar noch eine Allerwelt-Wahrheit bastle, die dann ungefähr so lauten könnte: "Man kann sich eben auf nichts und auf niemanden verlassen und es wird für immer genau so weitergehen." „Ja – wirklich hilfreich so ein Gedanke, damit kann man es weit bringen und glücklich und zufrieden werden", proklamierte eine ironische Stimme in mir und ich beschloss, dieser Ironie und diesem Pessimismus einen Denkzettel zu verpassen und einen achtsamen Moment zu wagen. Natürlich war die Übung erschwert um die Komponente, dass andere mit anwesend waren und somit Ablenkung vorprogrammiert war. Das Ziel war, die Situationen möglichst wertneutral und ganz im Hier und Jetzt zu erleben und den Katastrophenfantasien den Mund zu verbieten. Also, der Ablauf war klar: Ich wusste, was ich zu tun hatte, und appellierte an meine Konzentrationsfähigkeit, jetzt einfach mal nur wahrzunehmen. *Was tue ich*: Ich sitze. *Was sehe ich*: einen Tisch voller Kaffeetassen, Wasser und Kekse, sieben Kollegen und drei Geschäftsführer. Der Chef trägt ein blaues Sakko. *Was höre ich*: verschiedene Stimmen, die reden und lachen. Was fühle ich: einen kühlen Luftzug vom offenen Fenster, den Stuhl unter meinem Gesäß, meine warme Hand auf meinem Bein. *Was rieche ich*: Kaffee, Parfüm und frische Luft. *Was schmecke ich*: Kaffee und Keks mit Schokolade. *Wie ist meine Atmung*: länger aus als ein, nach dem Ausatmen mache ich kurze Pausen. *Was passiert mit meiner Mimik*: Ich lächle (erstaunlich! – nein, das darf ich jetzt nicht denken – nicht bewerten – weitermachen). *Wie fühle ich mich*: gut, entspannt – wieder erstaunlich und das darf ich jetzt auch denken, denn die Übung ist vorbei. Ich konnte in diesem Moment den Effekt meiner kleinen Achtsamkeitsübung, die, nebenbei bemerkt, niemand mitbekommen hatte, direkt spüren. Was die anderen allerdings wahrnahmen, war eine deutlich entspanntere Teamkollegin, nämlich meine Wenigkeit, die durch diesen kurzen geheimen Moment verhältnismäßig tiefenentspannt dem Meeting beiwohnte und ihre Beiträge formulierte.

Was wäre mit mir in diesem Meeting passiert ohne diesen Moment? Nun, auf diese Frage gibt es keine Antwort, denn das "was wäre, wenn ..." bleibt wie immer ein großes Geheimnis, aber ich wage die These, dass ich deutlich entspannter war als sonst. Ob mein achtsamer Moment jetzt zu einem anderen Ergebnis des gesamten Meetings beigetragen hat, bleibt ebenfalls völlig spekulativ und wäre vielleicht eine etwas überhebliche Vorstellung, aber darum geht es ja auch nicht. Eben nicht darum, die Welt, das Geschehen, verschiedene Situationen und deren Ausgang grundlegend zu ändern, sondern vielmehr mein persönliches Empfinden.

Und das, liebe Leser/Innen, war für mich eine große Bereicherung. Fast so, als hätte ich für diesen Moment die Macht über meinen eigenen Gefühlszustand, dessen Ursache ich üblicherweise ausschließlich im Außen suchte und fand, zurückbekommen. Ich kann selbst beeinflussen, wie ich mich fühle, wie ich den Moment oder eine Situation erlebe und wahrnehme. Das löst nicht die großen Probleme dieser Erde, ändert auch nicht meine Meinung über eine vielleicht von mir als schwierig eingestufte Kollegin, aber dieser Moment der Achtsamkeit schafft es, auf erstaunliche Weise mich für einen Augenblick zu erden, zu verwurzeln und einfach ganz wertfrei da zu sein, ganz bei mir und ganz im Hier und Jetzt.

Was genau es mit diesem so oft erwähnten wertfrei auf sich hat, möchte ich dir später noch genauer erklären.

Diese kleine Übung dauert, mit ein bisschen Training (man sollte die Fragen schon gut auswendig parat haben), nicht länger als vielleicht 30-60 Sekunden. Natürlich kann man diese Augenblicke nach Belieben verlängern und gut und sehr gerne zum Beispiel besonders schöne Momente für Minuten mit allen Sinnen genießen. Die Möglichkeit, den sogenannten "Bodyscan", aber auch schnell durchzuführen, soll dir nur aufzeigen, dass du, auch in einem streng getakteten Alltag, auf dieses Instrument zurückgreifen kannst und so dein Erleben verändern darfst. Plötzlich wird aus einem Leben auf der Überholspur ein Leben voller kleiner, winziger, aber bedeutender Pausen. Und die Tage mit ihren unzähligen Augenblicken, von denen ein paar unsere Aufmerksamkeit, genauer unsere Achtsamkeit, gewinnen konnten, werden verblüffenderweise länger, wertvoller, entspannter, positiver.

Das Ziel meiner Achtsamkeit ist es, sich ein "Achtsamkeitsfundament" zu schaffen. Das bedeutet, viele kleine Momente des Alltags achtsam zu erleben, um auf dieser Basis alles andere besser zu bewältigen. Man kann es sich wie eine Linie vorstellen, die gerade und stabil in der Mitte des eigenen Tages oder Lebens liegt und von welcher aus man bequem und geerdet nach oben oder unten blicken kann – in die Zukunft und die Vergangenheit. Hierfür eignen sich zahlreiche alltägliche Situationen, wie zum Beispiel das Warten auf das Klingeln der Mikrowelle, das Warten an einer Ampel oder in der Schlange im Supermarkt, eine Fahrt im Aufzug (um nur einige "Wartemomente" zu nennen) oder aber Zeiten des aktiven Handelns, wie zum Beispiel die Zubereitung eines Abendessens, das Essen selbst und sogar ein Gespräch mit Kollegen, Freunden oder der Familie. Hier bin ich! Genau JETZT! Ich sehe mich, ich sehe dich, ich höre dir zu, ich fühle, ich rieche und schmecke, genau in diesem Moment.

Wenn du möchtest, probiere es einfach aus. Das Rezept, die Anleitung kennst du nun. Sei geduldig und vergib dir kleine Fehler. Es kann sein, dass es nicht gleich so klappt, wie du es dir vorstellst. Es kann sein, dass sich doch immer wieder Gedanken über das Morgen oder Gestern dazwischen schieben, welche in inneren Dialogen enden, die mit der Achtsamkeitsübung nichts mehr zu tun haben. Kein Problem, dann ist das eben heute oder in diesem Moment so und kein Beweis dafür, dass es nicht zu einem späteren Zeitpunkt oder morgen bestens funktionieren könnte. Vergiss nicht, dass du dir eine über Jahre abtrainierte Fähigkeit langsam wieder zurückeroberst, dass du lernen darfst, die gedankliche Autobahn, den Automatismus der Analyse und des Planens, welchen du dir im Laufe des Erwachsenwerdens mühsam angeeignet hast, zu durchbrechen und innezuhalten, statt weiter zu rasen. Dies wird einige Zeit brauchen und die darfst du dir nehmen, voller Neugier und Vorfreude auf das, was dich an deinen selbstgewählten Rastplätzen erwartet.

III. Was genau bedeutet „wertfrei wahrnehmen"?

Ein entscheidender Punkt der Achtsamkeit ist, dass es in diesen besonderen Momenten nicht um eine Analyse, also eine Auswertung geht. Was auch immer ich oder auch du in diesen Augenblicken erlebe/erlebst, darf einfach nur passieren, ohne den lästigen Bewertungen Platz zu machen. Auch ein merkwürdiger Gedanke. Passiert es uns nicht allzu oft und allzu schnell, dass Urteile und Interpretationen sich unter oder über das bewusste Erleben des Hier und Jetzt schieben und dort ihren eigenen Weg gehen? So ging es mir bei einem weiteren Versuch der Achtsamkeit.

Die achtsame Dusche hat von dem Tag an fix ihren Weg in meinen Alltag gefunden, ist ja auch ein dankbarer Moment, das muss ich zugeben, aber vielleicht sollte man genau mit diesen Momenten zu üben beginnen. Schwieriger wird es, wenn man emotional, gedanklich oder geistig tatsächlich gerade recht belastet ist und es schwerfällt, eben mal nicht an den, sagen wir mal, berühmten "weißen Elefanten" zu denken, der in unserem Kopf so präsent ist.

Es war ein Morgen, an dem beruflich so ein bisschen der Wurm drin war, genauer genommen nicht nur ein bisschen, sondern für mein Empfinden ganz gewaltig, da gefühlt ein ganzes Projekt, das sechs Monate Vorarbeit gekostet hatte, auf der Kippe stand. Noch genauer: Ein Mitarbeiter, der entscheidend für das Gelingen des Projektes war, fiel wegen einer Sportverletzung aus, sodass klar war, dass wir nicht dem Zeitplan entsprechend liefern konnten. Eine Vollkatastrophe – in meiner kleinen Welt. Da stehe ich nun also in der Küche und versuche meinen achtsamen Moment, morgens beim Broteschmieren: *Was sehe ich?* Ein Vollkornbrot, von dem ich eh weiß, dass es den Kindern nicht schmeckt, weil da so viele harte Körner drin sind. Und wie um alles in der Welt löse ich jetzt mein berufliches Problem? *Was höre ich?* Zwei brüllende Kinder, die sich heute darüber streiten, wer zuerst die Treppe runter war, bzw. der Große war zuerst unten und der Kleine beschließt, sich mit einem störrischen und jammernden Sitzstreik auf der Treppenmitte Gehör zu verschaffen. Ist ja klar, dass die Zwei gerade heute, wo ich so viel um die Ohren habe, einen extra Disput zum Morgenritual ergänzen. Das Leben will mich mal wieder herausfordern. *Was fühle ich*: Es ist kalt – ist ja auch kein Wunder, denn ich hab zu wenig geschlafen und da friert man eben immer. Eigentlich könnte ich mich jetzt auch einfach in diesem Moment auf den Küchenboden legen und schlafen – oder schreien, ja, vielleicht sollte ich das machen. Vielleicht kommt dann der Kleine auch so von der Treppe. *Was rieche ich*: Ach du liebe Zeit, die Milch ist übergekocht, was mich zu sofortigem Handeln veranlasste und die letzten wichtigen Fragen der Achtsamkeit verwerfen ließ, begleitet vom Gedanken, dass ich doch mal wieder zu dumm sei, um auf die blöde Milch zu achten, und dass es fast so scheint, als hätte sich das Universum, inklusive Milch, an diesem Tag gegen mich vereint. "Stopp! Moment mal!", da war es wieder, mein Rettungsanker-Sätzchen. Was tat ich da? Der ganze Gedankenfluss lief in nur wenigen Minuten. Ich denke, ich brauche dir an dieser Stelle nicht auseinander zu tüfteln, wo im obigen gedanklichen Dialog die Bewertungen, leider ausschließlich negative, sich in meinen achtsamen Moment geschlichen haben. Richtig wäre gewesen: *Was tue ich*: Ich schmiere Brote; *Was sehe ich*: meine Küche, die Milch auf dem Herd (die ich dann ausmache), *Was höre ich*: die lauten Stimmen meiner Kinder; Was fühle ich: die kühle Morgenluft; *Was rieche ich*: Butter, Gurke, Apfel; Was schmecke ich: Pfefferminztee; *Wie fließt meine Atmung*: langsam, flach; *Was macht meine Mimik*: Augen sind noch halb geschossen, Gesicht ist entspannt; *Wie fühle ich mich*: müde. Was half es mir, der beruflichen Misere und vor allem auch meinen Kindern, wenn ich meinen destruktiven Selbstmitleidsmonolog so ungefiltert zulasse. Und so machte ich es am nächsten Tag besser, wobei erwähnt werden darf, dass an diesem Morgen kein Sitzstreik auf der Treppe stattfand, sondern lediglich eine gewöhnliche Mütze-ja-oder-nein-Diskussion, die ich nach bereits zwei absolvierten achtsamen Momenten gelassen wegsteckte und mich problemlos auf den Kompromiss „Mütze mitnehmen" einließ. Die beruflichen Probleme waren auch an diesem Morgen nicht kleiner geworden, es war mir aber gelungen, dazugehörige Gedanken für einige wichtige Momente auszublenden, auf später zu verschieben, auf dann, wenn die richtige und nötige Zeit ist, sich damit auseinanderzusetzen. Jetzt habe ich nur Brote geschmiert.

ungefähr so: "Ich werde mich ab heute ab und zu in mein Büro zurückziehen und eine Meditation oder Fantasiereise machen. Mama gönnt sich ab jetzt Herzenszeit." – Schweigen.

In meiner Naivität hatte ich mich nicht auf Widerstand gefasst gemacht und empfand die Größenordnung meines Vorhabens doch eher vergleichbar mit dem Kauf neuer Sofakissen und nicht einer kompletten Neueinrichtung der Wohnung. Ganz anders sah das die Familie.

Der Große fragte besorgt, wo ich denn hinreisen würde, ob das denn bedeuten würde, dass ich jetzt weniger Zeit für ihn hätte. Puh, Stich ins Herz. Nein, natürlich nicht. Ich erkläre, dass das Gegenteil der Fall wäre, dass ich nirgendwo hinreise, sondern alles hier zu Hause mache, mir zwar meine kleinen Zeitnischen nehme, diese aber so geplant habe, dass kaum Kinderspielzeit dafür drauf geht und die Mama dadurch noch mehr Energie für viele neue Abenteuer haben wird.

Der Kleine fragte, ob er denn mitmachen könne, bei den "Medilonen". Eigentlich eine tolle Idee, sagte ich ihm und versprach, mir etwas zu überlegen, was auch für Kinder geeignet ist.

"Blöde Idee", brummte dagegen mein Göttergatte, schaute mich verzweifelt an und sagte so was wie: "Zuerst wird sie Vegetarierin, dann studiert sie die Psychologie und jetzt beginnt sie auch noch zu meditieren. Soll ich schon mal die Räucherstäbchen auspacken und eine Klangschale bestellen?" Da waren sie, die Räucherstäbchen und Klangschalen. "Blödmann", dachte ich im ersten Moment, gefolgt von "jetzt erst recht", wiederum gefolgt von "warte nur, ich krieg dich auch noch dazu, eine Meditation zu machen". Der Morgen nahm anschließend seinen üblichen Lauf, und als die Kinder aus dem Haus waren, hatte ich Zeit nachzudenken. Logisch, warum sollten andere nicht mit derselben Voreingenommenheit wie ich diesem Thema begegnen. Und was musste wohl in meiner Fleischwurst-liebenden, Carrera-Autobahn-bauenden fußballfanatischen besseren Hälfte vor sich gehen, wenn Madame solche Ansagen macht? Wahrscheinlich die Angst, dass die bisher bodenständige Dame des Hauses sich dermaßen verändern könnte, dass die liebgewonnene Beständigkeit des Familiendaseins ins Wanken gerät. Es galt also, meinem lieben Mann zunächst die Angst zu nehmen, die mit einer möglichen Veränderung meiner Person einhergehen könnten, wobei ich selbst diese eventuellen Veränderungen in meiner Vorstellung als ausschließlich positiv, auch für mein Umfeld, ansah. Aber wie sollte ich das dem schmollenden König-aller-Bohrmaschinen vermitteln? Unmöglich. Gefühlt fast so, als wolle man einem Klempner einen Cancan beibringen. Aber da ich mir die Fähigkeit zur Problemlösung auf meine Fahne geschrieben hatte, gab ich nicht so leicht auf und beschloss, ein altes bewährtes Mittel zur Konfliktbewältigung anzuwenden, nämlich Kommunikation. Ja, der Mensch ist tatsächlich in der Lage, sich verbal zu erklären. Und nicht nur das: Er ist auch in der Lage, sich in bestimmten Momenten wirklich auf die Welt eines anderen einzulassen und ihn in dieser abzuholen, besonders wenn es um Menschen geht, deren Wohlbefinden einem eben auch am Herzen liegt. Entscheidend dafür ist, sich bewusst und wertschätzend auf diese vielleicht ganz andere Welt einzulassen und sich klar zu machen, dass es neben den eigenen Ansichten noch jede Menge anderer Meinungen gibt, die ebenso ihren ganz eigenen Wahrheitsgehalt haben. Gefordert war also eine empathische Grundhaltung. Dem werten Gemahl Trotzgedanken wie "Blödmann" um die Ohren zu hauen, war hier wenig hilfreich. Und so beschloss ich den Weg der gewaltfreien Kommunikation, auch wenn ich mich dazu ein wenig überwinden musste, denn in mir sagte eine recht laute und hartnäckige Stimme weiter: „Blödmann!" Was mir half, war der Gedanke, dass es höchstwahrscheinlich seine eigenen urinneren Ängste waren und ebenso ein nachvollziehbares Unverständnis, die ihn zu seiner Reaktion verleitet hatten. Und so galt es, ihm diese zu nehmen, ihm alles in Ruhe zu erklären und ihm zu beweisen, dass keine akute Gefahr besteht, nur weil die Herrin des Hauses sich ihre Auszeiten nehmen und meditieren möchte. Nein, ich persönlich halte das für sehr ungefährlich. Und so startete ich meinen Monolog, mit dem Ziel, ihm genau zu erläutern, was es mit Meditationen und Fantasiereisen auf sich hat, was die Vorteile dabei sein können und dass eben diese nur gewinnbringend für das gesamte System sind.

Letztendlich möchte ich durch das Meditieren Folgendes erreichen: Ich möchte in einem guten und positiven Kontakt mit mir selbst sein, ich möchte mich besser kennen lernen, ich möchte mich körperlich voll und ganz entspannen, ich möchte das ganze Potential meiner inneren Kräfte ausschöpfen, ich möchte eine positive Grundeinstellung zum Leben gewinnen, ich möchte mein Bewusstsein erweitern, insgesamt ruhiger und gelassener werden und meine Stresswahrnehmung reduzieren. Ich möchte dieses Gefühl der Versenkung, der totalen Verbundenheit mit mir selbst spüren. Damit meine ich nicht die Art der Versenkung, die man empfindet, wenn man zum Beispiel ein noch bettwarmes Kindlein morgens langsam aus demselben hebt, um es ins Bad zum Zähneputzen zu tragen, wobei es sich so zutiefst gemütlich an einen hinkuschelt, förmlich mit einem verschmilzt, so, als wären wir für diesen einen Moment nur eine einzige Person. Ja, das ist auch ein wunderbarer Moment der Versenkung, aber es geht mir beim Meditieren um eine Verbundenheit mit mir selbst, die ich in meinem Leben vermisse.

Wissenschaftliche Studien belegen, dass Meditation und die damit verbundene Entspannung und Innenschau maßgeblich zu mehr Lebensglück, körperlicher Gesundheit, Zufriedenheit, Verbesserung der kognitiven Fähigkeiten und vielen weiteren positiven Faktoren beitragen. So wird ihr auch eine Blutdruck- und Cholesterinspiegel senkende Wirkung zugesprochen. Sie soll auch bei Schlafstörungen, depressiven Verstimmungen, körperlichen Schmerzen und Stresssymptomen helfen. Für all das steht natürlich auch eine Palette von Medikamenten zur Verfügung. Aber mal ganz ehrlich: Wenn es auch anders geht, warum dann nicht das mal ausprobieren?

Während einer Meditation passiert auch nichts Unheimliches oder Manipulatives, was den Anwender urplötzlich zu einem anderen, womöglich unberechenbaren Wesen werden lässt. Es geht hauptsächlich um körperliche Entspannung, bewusste Atmung, den nach innen gerichteten Blick und in diesem Zustand innerer und äußerer Ruhe um eine Kontaktaufnahme zu Gefühlen, Träumen, Gedanken, Zielen und letztendlich zu vielleicht zum Teil verborgenen Kräften, die einem das Leben mit all seinen Herausforderungen erleichtern sollen.

So oder so ähnlich klang der Vortrag, den ich also meinem besorgten Mann an besagtem Morgen hielt, während er unermüdlich weiter am neuen Klettergerüst für die Kinder sägte. Und das leuchtete ihm ein, ja, er war sogar äußerst angetan von der Vorstellung, dass das nervöse Huhn an seiner Seite, also ich, eventuell etwas zur Ruhe kommen könnte. Ich hatte also, was ich wollte, nämlich ein aufrechtes und aufgeklärtes Verständnis für das, was ich in meinem Leben ändern wollte. Grundsätzlich ist es sehr sinnvoll, auch scheinbar kleine Vorhaben zur Lebensveränderung, sei es eine Ernährungsumstellung, ein neues Hobby, mehr sportliche Betätigung oder eben das Meditieren mit dem eigenen, vor allem nahen Umfeld zu kommunizieren. Nicht weil man dieses um Erlaubnis bitten muss, schließlich darf und soll sich jeder Dinge gönnen, die die Lebensqualität verbessern, sondern weil es die Türen öffnet zu gegenseitigem Verstehen, Austausch und auch zu einer möglichen Unterstützung. Wer weiß, vielleicht gelingt es mir, meinen unermüdlichen Gärtner und Baumeister, also meinen Mann, der sich auch wenig Ruhezeiten gönnt und jede freie Sekunde in die Verschönerung unseres Häuschens steckt, hier und da von seinem Aufsitzmäher zu bewegen und ihn dazu zu bringen, auch mal zu meditieren, wobei ich ihm selbstverständlich von diesem geheimen Vorhaben vorerst nichts sage und still und heimlich meinen Schlachtplan entwickle, der vor meinem inneren Auge die ironische Überschrift trägt: Die letzten Helden im Rausch der Räucherstäbchen!

II. Herzenszeit – Anleitung und erste Selbstversuche

Kommen wir zur Frage: Wie lange soll man denn meditieren? Im Grunde ist das jedem selbst überlassen, aber es macht Sinn, die Zeit, die man sich dafür nehmen möchte, konstruktiv und unter realistischen Aspekten zu planen. Für mich wären täglich 30-60 Minuten schlicht nicht realisierbar und so wäre die Idee schnell zum Scheitern verurteilt, wahrscheinlich begleitet von einer gehörigen Portion Frust, weil man es nicht hinbekommen hat. Sollten deine Zeitfenster größer sein, spricht natürlich nichts dagegen, diese auch zu nutzen, sofern du das möchtest. Man sollte sich seine Ziele grundsätzlich so setzten, dass sie wirklich realisierbar sind und zum eigenen Alltag passen. Nach eingehenden Recherchen beschließe ich für mich, mit zehn Minuten pro Tag zu beginnen, denn schon diese sollen, nach Meinung verschiedener Fachleute, Wunder bewirken. Mal ehrlich: Zehn Minuten sind gar nichts, wenn man bedenkt, was man dadurch erreichen kann, und dass dann trotzdem noch 1.430 Minuten für alles andere bleiben. In Anbetracht der Tatsache, dass Meditieren auch die Konzentrationsfähigkeit erhöht, ist davon auszugehen, dass man eventuell sogar in der Lage sein wird, effektiver den anderen Aufgaben des Lebens nachzugehen. Da ich meist bis spät in die Nacht und vormittags arbeite und diese ungestörte Zeit gerne für kreative Prozesse nutze und nachmittags die Kinder betreue, galt es, ein geeignetes Zeitfenster zu finden. Für mich schien abends grundsätzlich eine gute Zeit zu sein, war es mir doch wichtig, Vergangenes zu reflektieren und mit einem Gefühl von innerer Ruhe und Ordnung den Abend einzuläuten. Viele Menschen machen ihre Meditation jedoch auch zum Morgenritual, um sich auf den Tag einzustimmen und diesen mit dem Gefühl innerer Klarheit zu beginnen. Auch das kann ein sehr bereicherndes Element mit starker Wirkung für den ganzen Tag sein. Für meinen stürmischen Morgen schien mir das nicht geeignet zu sein und so standen schon mal zwei Dinge fest: 10 Minuten und das abends. 10 Minuten sind im Grund wirklich nichts. So lange dauert noch nicht mal eine Folge Biene Maja – ein Gedanke, der meinen Plan konkretisierte, nämlich meine Meditation während der Movie-Time der Kinder abzuhalten. Normalerweise bereite ich in dieser Zeit eher hektisch den Frühstückstisch, die Brotdosen und diverse Klamotten für den nächsten Morgen vor, aber diesen kleinen Preis war ich definitiv bereit zu zahlen und hatte da auch schon eine Idee, wie ich die anderen dazu bringen könnte, künftig diese Aufgabe mitzutragen. Während der abendlichen Filmzeit, so um 19:15, ist es durchaus denkbar, dass Mama vollkommen ungestört ihre Meditation machen kann, um die Gedanken des Tages zu reflektieren und mit klarem, wachem Verstand danach auch wieder ans Werk zu gehen, denn natürlich ist um 19:25 der Tag und das frohe Schaffen noch längst nicht vorbei.

Die nächste Frage lautete: Wie genau möchte ich meditieren? Auf dem riesengroßen Markt von Meditation und Fantasiereisen findet der geduldige Sucher zahlreiche, sehr unterschiedliche Angebote, es gibt mehr als sieben Milliarden Arten zu meditieren. Was davon ist das Richtige für mich? Und wie finde ich das raus, wenn ich mal davon ausgehe, dass ich, selbst wenn ich eine Milliarde Jahre alt werden sollte, immer noch nicht alle kenne?

Es gibt die Möglichkeit, die Meditation ganz ohne Hilfe, alleine für sich durchzuführen. Wichtig hierbei ist es, sich zunächst auf die Atmung zu konzentrieren und mithilfe dieser den Blick immer weiter nach innen zu richten. Alle Gedanken und Gefühle, die kommen, dürfen gedacht und gefühlt werden, sollen angenommen werden, wiederum urteilsfrei und wertschätzend. Sie sollen als Teil unseres Seins eine Berechtigung erfahren und kommen und gehen dürfen, wie sie wollen. Das Ziel dieser achtsamen Meditation ist es, belastende Gedanken abzuschwächen, indem man ihnen Raum gibt, statt sie abzuwehren, sowie positive Gedanken zu stärken, indem man ihre Energie und damit verbundene Körpergefühle nutzt und speichert.

Eine weitere Möglichkeit sind geführte Meditationen. Hier wird der Zuhörer, mit angenehmen und beruhigenden Worten von Meditationsprofis, meist begleitet von entspannender Musik auf seiner Reise begleitet. Gute geführte Meditationen lassen dem Anwender allen Raum, trotzdem eigene Gedanken, Gefühle und Situationen entstehen zu lassen, sind in keiner Weise manipulativ, sondern nehmen den Hörer liebevoll an die Hand. Ich probierte beides aus und kam zu folgendem Schluss: Es half mir zu Beginn enorm, während der Meditation angeleitet zu werden und nicht meinen eigenen Gedanken freien Lauf zu lassen. Bei den ersten Alleingängen, ohne begleitende Worte von außen, ertappte ich mich immer wieder dabei, abzuschweifen, und konnte förmlich zusehen, wie sich Gedankenfetzen wie: "Du musst noch Brot auftauen" oder "Sind die Kaninchen eigentlich schon drin?" oder "Warum hat der Kollege schon wieder nicht auf meine Nachricht geantwortet?", in den Klängen meiner selbstgewählten Meditationsmusik breit machten.

Was genau ist eigentlich der Unterschied zwischen einer Fantasiereise und einer Meditation? Die Erklärung verbirgt sich ganz einfach im Wort "Fantasie", was bedeutet, dass man sich bei diesen Übungen auch über die eigene gefühlte Realität hinaus bewegen darf, um zum Beispiel in der eigenen Vorstellung in die eigene Zukunft oder an gewählte Orte zu reisen. Dies bedeutet nicht, sich von sich selbst und der eigenen Wirklichkeit zu entfernen, denn, was auch immer ich mir ausmale, die Orte, die ich in meiner Fantasie besuche, haben ebenso viel mit mir und meinem inneren Erleben und Fühlen zu tun wie die Realität. So darf ich bei einer Fantasiereise, nur als Beispiel, an einen Ort reisen, der mir in diesem Moment besonders guttut und den ich mir so gestalten darf, wie ich es gerade brauche. Das Gefühl, das ich mit diesem Ort verbinde, die Emotionen, die freigesetzt werden, der körperliche Zustand, in dem ich mich dort befinde, wird als positivierende Ressource genutzt, die mich dabei unterstützen kann, der Realität offener und gestärkter zu begegnen. Man geht hier davon aus, dass der Mensch, also auch du, im Grunde alles in sich hat, was er braucht, um das Leben, mit all seinen Herausforderungen, gut zu bewältigen. Ein gewagter Gedanke, aber nehmen wir als Beispiel eine pessimistische Grundhaltung, die sich an Tagen, an denen das Leben ordentlich auf uns geregnet hat, hier und da einstellen kann. Mal angenommen, die meisten von uns kennen Momente, aus anderen Lebensbereichen oder anderen Lebensphasen, in denen wir, im Gegensatz zum vorherrschenden negativen Gefühl, sehr optimistisch waren. Das heißt, sowohl Körper als auch Geist kennen diesen Zustand. Irgendwie fehlt uns in solchen eigentlich positiven Momenten aber der Zugang zu diesem Gefühl – und genau da setzt manchmal die Fantasiereise an, indem sie uns hilft, uns zu erinnern an diese in uns vorhandenen Kräfte, wodurch diese wieder zugänglich gemacht werden können. Die Fantasiereise lenkt uns also nicht zu einem anderen Ich oder in eine andere konstruierte Wirklichkeit, sondern soll in uns das wecken, was wir gerade besonders brauchen, was uns vielleicht gerade fehlt, damit wir dadurch in Kontakt kommen zu diesen vielleicht vergessenen oder verdrängten positiven inneren Zuständen. Neben Fantasiereisen, die unsere inneren Kräfte aktivieren sollen, gibt es aber auch geführte Achtsamkeitsmeditationen, die uns auf metaphorische Weise einen Tag oder einen Gemütszustand reflektieren lassen. Für mich persönlich schien beides attraktiv: sowohl die achtsame Reflektion eines Tages oder eines momentanen Befindens als auch die Möglichkeit, meine Ressourcen zu aktivieren, wenn ich dies brauche. So entschied ich mich, mich neben den Achtsamkeitsmeditationen, auch den Fantasiereisen zu widmen, welche spezifische Lebensthemen behandeln wie zum Beispiel: Selbstwert, Optimismus, Loslassen, Abgrenzen, Träumen, Wünschen.

Da ich seit mehr als zehn Jahren als Bühnenautorin tätig bin und zudem eine Ausbildung zum Personal Coach absolviert habe, beschloss ich, mir meine Meditationen selbst zu schreiben und aufzuzeichnen. So entwickelte ich einen Meditationszyklus, welcher auf der Basis meines psychologischen Fachwissens aufgebaut ist und Themen behandelt, die mir sowohl bei der Klientenarbeit begegnet waren, als auch solche, die mich selbst beschäftigten. Jede "Herzenszeit"-Übung dauert genau 10 Minuten und ich kann täglich, passend zu meinem geistigen und körperlichen Zustand, ein Thema wählen und zwischen Achtsamkeitsmeditation und Fantasiereise wählen. Für mich war das genau das Richtige, aber du darfst und sollst natürlich selbst erfahren und feststellen, was dir guttut, und das anwenden, was du für dich brauchst. Vielleicht musst du dir auch gar nicht sieben Milliarden Meditationen anhören, sondern stellst fest, dass gleich die Nummer 3 dein Favorit wird.

Die dritte Frage, die es zu beantworten gilt, bevor du loslegen kannst, lautet: Wo möchtest du meditieren?

Im Grunde kann man tatsächlich überall dieses Ritual vollziehen. Es empfiehlt sich aber, einen ruhigen Ort zu wählen, an dem man nicht gestört wird und an dem man sich wohlfühlt. Dies kann ein bestimmter Raum oder auch ein Ort in der Natur oder im eigenen Garten sein. Natürlich kann man die Orte auch wechseln, je nach Wetter, Zeitfenster, Stimmung, Lust und Laune.

Kommen wir zur letzten Frage unserer Vorbereitung: Was genau brauchst du für deine Meditation, deine Fantasiereise – welche Voraussetzungen solltest du schaffen? Eine bequeme Unterlage – das kann ein Stuhl, eine Matte, ein Teppich oder auch ein Kissen sein. Um zu vermeiden, wirklich einzuschlafen, empfiehlt es sich, aus eigener Erfahrung, nicht das eigene Bett zu wählen, es sei denn, du beabsichtigst, dich direkt nach dem wohligen Gefühl der Meditation den süßen Träumen der Nacht hinzugeben. Du darfst dich außerdem für eine bequeme Position auf deinen gewählten Unterlagen entscheiden, die es dir ermöglicht, frei und tief zu atmen. Das muss überhaupt nicht der weithin bekannte und für viele ungemütliche Yogasitz, im Fachjargon „ Lotussitz", sein. Es soll und darf, nach meinen Erfahrungen, selbst entschieden werden und soll für dich passen und angenehm sein. Sorge zudem für eine angenehme Temperatur in dem Raum deiner Wahl, ebenfalls um den meditativen Moment nicht durch Frieren zu stören. Für die Naturliebhaber bedeutet das entweder warm anziehen oder das Thermometer als Hilfsmittel zur Einschätzung zu nutzen. Des Weiteren brauchst du ein wenig Fantasie und die Bereitschaft, dich darauf einzulassen. Schlussendlich benötigst du auch, natürlich nur wenn du das möchtest, eine gute Anleitung, was ich besonders Anfängern empfehle, also dementsprechend ein Endgerät, sei es Handy, Computer, Tablett oder sonstige Medien, um deine gewählte Meditation abzuspielen. Was du tatsächlich nicht brauchst, sind Räucherstäbchen und Klangschalen. Natürlich kann man, wenn man das möchte, den Raum entsprechend beduften, um das Gefühl der Entspannung zu verstärken oder auch den Moment olfaktorisch vom

Rest des Tages abzugrenzen. Ich persönlich entschied mich tatsächlich für Zirbenduft in Form von einem ätherischem Öl, da ich den Geruch einfach zum Niederknien himmlisch finde, förmlich darin baden könnte, ganz unabhängig von den Meditationen. Ja, ich habe da so ein paar Späne in einem Töpfchen, in welches ich täglich bestimmt zehnmal meine Nase stecke und für Sekunden in Glückseligkeit versinke. Aber das nur nebenbei, es sei wirklich jedem ganz selbst überlassen und ist nichts weiter als eine nette Ergänzung zum eigentlichen Geschehen. Ich wähle als Ort tatsächlich mein Büro, weil ich mich dort wohlfühle. Es ist eben mein Zimmer in unserem Haus und so fühlt es sich auch richtig und gut an, dort mir selbst zu begegnen. Ich lege eine Yogamatte auf den Boden, lade die Meditationen/Fantasiereisen auf mein Handy, stecke meine Bluetooth-Kopfhörer in die Ohren, verteile ein paar Tropfen Zirbenöl UND hänge mein Schild an die Tür: ME TIME – bitte nicht stören. Es kann los gehen.

Im Folgenden erzähle ich dir von den ersten zehn Tagen meiner Meditationserfahrungen. Ich beschreibe diese recht detailliert, um aufzuzeigen, wann und wieso welche Meditationsmethode für mich an besagtem Tag genau richtig war. Ich möchte dir erklären, welche alltäglichen Baustellen durch eine Meditation oder Fantasiereise bearbeitet werden können, und vielleicht erkennst auch du dich in der ein oder anderen Situation wieder oder kannst diese auf dein Leben übertragen und so den Sinn der Sache noch besser begreifen und verstehen. Alle Beispiele beschreiben wahre Begebenheiten und meine Erfahrungen mit den Wirkungen der Innenschau – der Meditation.

Tag 1:

Der Tag der Tage war gekommen, genauer der Abend, an dem ich mein Abenteuer begann – ich machte meine erste Fantasiereise. Das Thema, für das ich mich entschieden hatte, war: Ort der Stille. Ja, genau das war es, was ich heute brauchte, nach einem wie gewöhnlich langen, schnellen, lauten, stürmischen Tag. Ich schloss die Tür, ließ die letzten Klänge von: "und diese Biene, die ich meine, die heißt Maja ...", hinter mir, legte mich bequem auf meine Matte und drückte auf Play. Die Übung begann mit einer kurzen Einleitung, die meinen Fokus zunächst auf meine Atmung und meinen Körper richtete, ganz wertfrei und als liebevolle Einladung formuliert. Dann begann die Reise zum Ort der Stille. Ich brauchte nichts weiter zu tun als zu zuhören und die Worte, die gesprochen wurden, mit meinen eigenen Bildern zu füllen, mit meinen Fantasien, mit dem, was ich gerade brauchte, mit dem, was zu mir passt und für mich wichtig ist. In diesem Falle Ruhe und Stille, die Idylle eines Bergsees, den ich mir als meinen Ort der Stille aussuchte, und dessen Umgebung ich mir ausschmücken durfte, wie ich es wollte, an dem ich tun durfte, was ich wollte, und dessen inneres Bild ich am Ende der Übung mitnehmen durfte als Anker für kommende laute Tage.

Die zehn Minuten vergingen wie im Flug und gleichzeitig hatte ich den Eindruck, dass die Zeit für diesen Moment still gestanden hatte oder eher, als wäre jedes Zeitgefühl für diesen Augenblick abgestellt gewesen. Hätte mir jemand gesagt, dass ich 30 Minuten unterwegs war, hätte ich es auch geglaubt und, um ehrlich zu sein, fühlte ich mich auch genauso – wirklich tiefenentspannt. Vor der Übung hatte ich befürchtet, dass ich danach wahnsinnig müde sein könnte und am liebsten liegen bleiben und schlafen würde, dass ich irgendwie voll durch den Wind sein werde und im schlechtesten Fall fremdgesteuert durch die Gegend laufen würde – aber das Gegenteil war der Fall. Ich war hellwach, fühlte mich ausgeruht und irgendwie geistig ungewohnt klar, ich möchte fast sagen, aufgeräumt. Ja genau, aufgeräumt. Als hätte in diesen zehn Minuten eine geheime Kraft in meinem Inneren Ordnung geschaffen. Be-ein-druck-end! Ich war begeistert.

So hüpfte ich bestens gelaunt nach draußen, um meine lieben Kinderlein ins Bett zu bringen, und fand einen recht gestressten Göttergatten vor, der mir gestand, dass der Kleine in der Zwischenzeit mit dickem Filzstift und in großen Wellen von rechts nach links LIE-BE-MA-MA an meine Bürotür geschrieben hatte. Jetzt sah ich es auch und fand, es sah super aus. Der Herr des Hauses teilte meine Anerkennung des Werkes nicht. Er hatte offensichtlich einige anstrengende Minuten hinter sich, was nicht ungewöhnlich war, da die beiden süßen Energiebündel zu dieser Zeit auch mal gerne voll aufdrehen können, um die aufkommende Müdigkeit mit allen Mitteln abzuwehren. Bei diesem ersten Meditationsversuch gingen zugegebenermaßen auch mehr als 10 Minuten drauf, da ich mich und das Handy ja erst mal grundlegend einrichten musste. Somit war ich so gute 20 Minuten nicht verfügbar. Der Göttergatte schüttelte den Kopf. Nicht dass es das erste Mal war, dass er sich allein um die Kinder kümmerte und dabei das ein oder andere drunter und drüber ging, so wie es auch mir geht, wenn ich die Kleinen beaufsichtige. Aber es war für ihn verständlicherweise doch etwas anderes, wenn er ganz allein diesen allabendlichen Kinderfasching durchstehen musste, während La Mamma im selben Moment scheinbar gar nichts macht als nur auf ihrer Yogamatte zu sitzen. An diesem Abend stellte ich auch fest, dass eine über alle Maßen gut gelaunte und bei jedem Satz beinahe trällernde Person, in diesem Fall ich, auch gewaltig auf die Nerven gehen kann – besonders denen, die dieses „I´m-singing-in-the-rain-Gefühl" gerade nicht mit einem teilen, sondern vielleicht eher in einer „Highway-to-hell-Stimmung" sind. Man sah auf der Stirn meines Gatten förmlich den Gedanken: "Ich, armes Geschöpf, habe eine meditierende Frau", und so zog der Krieger, nach erfolgreicher und kräftezehrender Schlacht, von dannen. Er würde sich jetzt auch seine ME TIME nehmen, in Form von Tetris auf der Terrasse, und ich konnte mir den Kommentar, er solle doch auch mal eine Übung machen, gerade noch verkneifen. Irgendwie sagte mir meine Intuition, dass es nicht der richtige Moment war.

Fazit: Ich fühlte mich herrlich und mein Umfeld darf sich an diese neue Situation wohl erst mal gewöhnen.

Tag 2:

Heute fühle ich mich echt niedergeschlagen. Es war ein sogenannter "Sch...tag". So was kommt vor und üblicherweise nehme ich dieses ungute Gefühl eines solchen Tages gut und gerne auch mal mit in den nächsten, um mir den auch noch zu vermiesen. Und genau das sollte heute, mithilfe der Meditation, anders laufen. Ein großes Vorhaben, denn es galt hier schon gewisse Denkmuster zu durchbrechen, an die ich mich ungefähr 20 Jahre gewöhnt hatte, genauer: Es ging um das Thema Selbstwert. Ich hatte ein paar Tage zuvor eine meiner kreativen Arbeiten über YouTube publiziert und musste heute feststellen, dass es eine Reihe netter und lobender Kommentare gab, aber eben auch den so gefürchteten Shitstorm, natürlich in wirklich kleinem Rahmen und eigentlich auch nicht mit tatsächlichen negativen Konsequenzen für mich. Aber trotzdem tat es echt weh, das zu lesen, und ich fühlte mich schlecht. In mir machte sich eine ganze Palette destruktiver Gedanken breit wie: "Du bist halt nicht gut genug, du hast es mal wieder vermasselt, das lesen jetzt alle und denken dann auch so über dich, du darfst dich einfach nicht mehr so der Öffentlichkeit zeigen, das geht eh nach hinten los, du solltest das in Zukunft echt sein lassen." Überspitzt gesagt ungefähr so was Ähnliches wie: „Ich bin wertlos, keiner liebt mich, ich bin eine Versagerin" – ein beachtenswertes Phänomen und in Künstlerkreisen weit verbreitet. Ich spreche mit vielen Klienten aus diesem Berufsfeld über genau solche Situationen und die unglaubliche Fähigkeit des Gehirns, in solchen Momenten alles Positive auszublenden und sich an der Kritik aufzuhängen, besonders dann, wenn diese im öffentlichen Raum, sei es in der Zeitung oder, noch schlimmer, in den Social Media geschieht. Allerdings muss dazu gesagt sein, dass nicht nur Künstler unter diesem Phänomen leiden, sondern schlicht jeder, der sich Kritik, durch was auch immer, ausliefert – also im Grunde jeder, der nicht 24 Stunden 365 Tage im Jahr zu Hause sitzt und sich nicht rührt.

Schlimmer als die Kritik an sich sind jedoch die irrationalen oben erwähnten Gedanken, die letztendlich bewirken, wie man sich fühlt. Es ist also defacto so, dass es nicht die Kritik an sich ist, die uns betrübt, sondern unsere Bewertung derselben und das, obwohl wir gar nicht wissen, was genau den Autor dazu bewogen hat, das zu schreiben. Wir wissen nicht, welche vielleicht schlechten Erfahrungen und Frustrationen diesen dazu anregen, sich derart zu äußern, und ziehen dies meist nicht einmal in Erwägung. Wenn doch, dann bohrt es still und leise trotzdem weiter, diese Worte die einem nicht mehr aus dem Kopf gehen und die, oft recht brutal, da bekanntlich das Netz viele Hemmungen nimmt, formuliert werden. Letztendlich bleibt aber die Tatsache, dass es ausschließlich unsere Bewertungen sind, nicht die Situation selbst, die das Ganze zu einem Problem machen. Nun, ich hatte an diesem Abend ein Problem, in Form dieser Kritik und meiner Gedanken dazu – alte Vertraute, mit denen ich heute in meiner Meditation mal liebevoll ins Gericht gehen wollte.

So entschied ich mich für das Thema Selbstwert und legte los. In meiner Fantasiereise durfte ich zu vielen Orten und Momenten meiner Vergangenheit zurückreisen. Situationen, in denen ich etwas geschafft hatte, die mich stolz machten, die mich gestärkt haben und mir die damit verbundenen Gefühle und physiologischen Zustände meines Körpers immer wieder abrufen und abspeichern. Es ging mir danach erstaunlich gut. Irgendwie hatte ich durch die vielen Rückblicke einen Abstand zur aktuellen Situation gewonnen. In der Klientenarbeit wird dies als "Ressourcenarbeit" verstanden, also Wecken vergessener aber vorhandener Kräfte, die Zuversicht und Motivation entwickeln können. Der Abstand, den ich zum auslösenden Ereignis gewinnen konnte, wird als „Metaposition" bezeichnet, was nichts anderes bedeutet, als aus dem Geschehen bewusst auszutreten und sich das Ganze mal von oben, von außen, anzusehen – in diesem Fall auch mithilfe eines Verlaufs meines beruflichen und auch privaten Daseins. Es tat wahnsinnig gut und ich ging, nach dem friedlichen und von mir wirklich heißgeliebten, da so innig-lichen Kinder-ins-Bett-bringen wieder ans Werk und kreierte Neues.

Tag 3:

Heute war ein großartiger Tag. Ja, auch solche gibt es, wo alles irgendwie perfekt und ohne größere Zwischenfälle läuft. Die Stimmung in der Arbeit war gut bis lustig, ich möchte fast schon sagen albern und witzig. Die Kinder veranlassten mich durch ihre unvergleichlich herzigen Aussagen, wie zum Beispiel: "Nudeln sind mein Lieblingsgemüse", oder Fragen wie: "Wie lang ist die längste Minute?", zu zahlreichen achtsamen Momenten. Heute wollte ich wirklich gerne nochmal meinen Tag reflektieren, um all die wunderbaren Momente noch tiefer in meiner Erinnerung zu verankern. So entschied ich mich für eine geführte Tagesreflektion. In diesem Fall folgte ich der Metapher einer Blumenwiese, auf welcher ich meinen Tag und alle von mir gewählten Momente zu einem herrlichen Strauß flocht, den ich anschließend in Form eines inneren Fotos für mich festhalten durfte. Ich sehe heute noch diesen Strauß vor mir und war und bin sehr dankbar für diesen Tag und diese Meditation.

Tag 4:

Bestimmt interessiert es dich, was inzwischen aus den Herren der Schöpfung, die mit mir dieses Haus bewohnen, geworden ist, während die Mama sich ihren "Medilonen" hingibt. Nun, die Lage entspannte sich zunehmend. Wenn ich wieder auftauchte, gab es nur minimale Zwischenfälle, wie zum Beispiel entlaufene Kaninchen, die sich irgendwo zwischen hunderten durcheinander geworfenen Schuhen versteckten und die sehr sehr schnell sein können, besonders wenn mein Mann sie einfangen will. Oder auch mal ein Pipi, das es nicht mehr aufs Klo geschafft hatte, sondern leider nur direkt davor. Aber alles in allem Kleinigkeiten, mit denen mein Göttergatte professionell umging, was ein bisschen schade war, denn ich hatte im Stillen gehofft, dass diese Stressmomente der Anlass für ihn sein könnten, eben auch einmal eine Meditation zur geistigen Entspannung anzudenken. Nun ja, ich gebe diese Hoffnung nicht auf, hatte ich nicht gerade heute einen weiteren aktiven Versuch gestartet. Monsieur hatte Kopfschmerzen und die eingeworfene Tablette wollte nicht so recht helfen. Und da konnte ich es mir nicht verkneifen, zu äußern, dass es besonders zu diesem Thema eben auch eine Meditation gäbe, die man machen könnte, wenn man denn wollte, und die vielleicht etwas bringen würde, wenn man sich eben auch drauf einließe und so weiter. Immerhin gab es keine Widerworte. Er nickte bloß und zog sich aufs Sofa zurück, um dort, statt zehn Minuten Meditation, für drei Stunden seine Kopfschmerzen zu kurieren.

In diesen drei Stunden erschufen wir im Garten einen großen Spielebauernhof, die Kinder waren die Bauern und ich - das Pferd. Entsprechend wählte ich meine Meditation für diesen Abend: Kraftquellen, vergessene Kräfte mobilisieren. Ja, ich muss zugeben, ich war an diesem Tag – es soll dazu gesagt sein, es war Wochenende –körperlich recht müde und brauchte eine Energiespritze, um mich an mein gewohntes nächtliches Schaffen zu machen. So durfte ich mir in der Übung von mir gewählte Zustände aussuchen und diese mithilfe von Fantasie und Erinnerung intensiv durchleben. So konnte ich das erreichen, was ich mir zu Beginn vorgenommen hatte, nämlich, das ganze Potential meiner inneren Kräfte ausschöpfen. An diesem Tag entschied ich mich für die körperlichen und geistigen Zustände von Kreativität, Enthusiasmus und Vertrauen. Es funktionierte, denn ich schaffte es noch, ein ganzes Kapitel eines Hörbuches einzusprechen, was auf der To-do-Liste danach stolz gestrichen werden konnte und durch keine weiteren Punkte ergänzt wurde. Ich ging müde, aber zufrieden schlafen und freute mich auf den nächsten Tag.

Tag 5:

Tja, zu früh gefreut, der Kleine wurde über Nacht krank, was gleichzeitig bedeutet: Dem Kind geht es schlecht und Mama macht sich Sorgen (es ist nur Magen-Darm, aber man leidet unweigerlich mit). Mama hat wenig bis kaum geschlafen, das kranke Kindlein bleibt zu Hause und Mama muss alle Termine absagen. Wie gut, dass ich gestern noch das Kapitel geschafft habe. Jetzt heißt es, den Großen und Papa abzuschotten, damit die es nicht auch kriegen und mit Schüsselchen und Handtuch neben dem Bettchen sitzen und ... warten. Ich nutze dieses Warten für einige achtsame Momente und bemerke erfreut, dass meine Verzweiflung deutlich weniger pessimistisch ausfällt als sonst. Glücklicherweise ist abends wieder alles gut und die Hoffnung auf einen neuen Tag ohne Sorgen findet wieder ihren Platz in den Gedanken. Aber ... jetzt geht es der Mama schlecht – war ja klar. Vielleicht sollte ich es heute einfach ausfallen lassen, meine Meditation. Aber nein, ich hatte die Hoffnung, dass es mir dennoch guttun könnte, und wählte Farbenspiel – körperliche Schmerzen auflösen und verwandeln. Nun, eine Infektion ist eine Infektion und lässt sich auch nicht so leicht weg atmen, ebenso wenig wie die Schmerzen einer Geburt (aber das nur so nebenbei). Dennoch muss ich zugeben, dass es wahnsinnig guttat und ich danach zwar nicht gesund war, aber mich besser fühlte. Im Grunde wird bei dieser Übung bewusst in den problematischen Körperteil hineingeatmet und das Unwohlsein gleichermaßen ausgeatmet. Das klingt wirklich wie Hokuspokus, ist aber, ich muss es zugeben, wirkungsvoll. Das mache ich wieder, wenn der Körper sich das nächste Mal meldet.

Tag 6:

Alles war wieder gut und die Mannschaft rundum fit und wohlauf. Ich freute mich schon auf den Abend und war gespannt, was der Tag so bringen würde und für welches Thema ich mich entscheiden werde. Doch an diesem Abend kam alles anders, denn eine gute Freundin rief genau um 18:50 an, um mir ihr Herz auszuschütten. So fiel die Mediation an diesem Abend aus, denn ganz ehrlich, man muss auch Prioritäten setzen – und Freunde in Not sind für mich eine solche. Mit anderen Worten: Ich persönlich finde, dass es gut ist, einen konkreten Plan und einen starken Willen zu haben, neue Ideen ins Leben zu integrieren und diese auch treu zu verfolgen. Allerdings darf es auch mal nicht passen, man darf auch mal keine Lust haben oder doch lieber einen guten Film anschauen, ohne gleich mit sich ins Gericht zu gehen, weil man einen inneren Vertrag gebrochen hat. Schließlich soll das Meditieren nicht ein neuer Punkt auf der To-do-Liste werden, der uns unter Druck setzt, sondern er soll das Leben bereichern und Freude machen. Um den Effekt nachhaltig zu erleben, ist es allerdings sinnvoll, nach einer kleinen Pause auch gleich wieder weiterzumachen, denn eines ist klar: Diese 10 Minuten tun einfach wahnsinnig gut und mit ein bisschen Routine weiß man das irgendwann auch nicht erst hinterher.

Tag 7:

Heute war ein trauriger Tag. Solche gibt es eben auch. Irgendwie hatte sich das Universum mal wieder vereint und es prasselte schlechte Nachrichten. Dabei ging es gar nicht um mich selbst, sondern um andere, die ihre Sorgen an diesem Tag mit mir teilten. So berichtete mir eine Nachbarin voller Tränen, dass ihr Mann eine Krebsdiagnose bekommen hatte, deren Ausgang ungewiss war. Eine Kollegin gestand, dass sie von ihrem Mann verlassen wurde, der sich, wie sie sagte, "fremdverliebt" hatte und die Mutter mit zwei Kindern Hals über Kopf im Stich ließ. Und zu guter Letzt schrieb mir meine beste Freundin, dass sie ihren Job verloren hatte, weil die Firma Insolvenz angemeldet hatte. An diesem Abend war ich traurig und sehr niedergeschlagen. Es wurde mir mal wieder bewusst, wie willkürlich und plötzlich sich alles ändern kann, wie sehr wir doch oft vom Glück verwöhnt sind, ohne es zu bemerken. In diesem Fall war es ja eigentlich ich, die vom Glück verwöhnt war, denn es waren ja allesamt nicht meine Geschichten. Aber es bedrückte mich dennoch zutiefst, nicht zuletzt wegen des Gedankens, dass das alles oder andere schlimme Dinge ja auch mir und meiner Familie von heute auf morgen widerfahren könnten. Die Welt war an diesem Abend ein schlechter Ort und die 19 Uhr-Nachrichten, mit all den Horrormeldungen des Tages, gaben mir den Rest. Alles war schlecht und schlimm, ich mittendrin und das Damoklesschwert hing bedrohlich über meinem Dasein und dem aller Menschen, die mir nahe standen. "Stopp! Moment mal!" Wenn ich in dieser Stimmung verharre, wird garantiert nichts Gutes dabei herauskommen – und es ist niemandem geholfen. Woher weiß ich kleines Erdenmenschlein denn, ob sich all die negativen Nachrichten nicht eines Tages doch zum Guten wenden. Ebenso geht es mir auch bei der Arbeit mit Klienten, deren Schicksale mir manchmal sehr ans Herz gehen und mit denen ich dann genau das mache, was ich mir jetzt mit der Mediation gönnen wollte: eine Positivierung. Eine Unterstützung darin, wieder Mut zu fassen, mich wieder zu erinnern, dass es Hoffnung und Perspektiven gibt, dass im Leben auch so viel Gutes passiert und dass es weiterhin Sinn macht, an seine Wünsche und Hoffnungen zu glauben, auch wenn die Einschläge des Schicksals uns manchmal dazu verleiten, diese aufzugeben.

Ich entschied mich für die Übung „Sternschnuppen" und schickte einen Schwall von Wünschen ins Universum. Danach waren die Sorgen nicht weg, die Situation war immer noch wie vorher, aber ein starkes Gefühl von "alles wird gut" und ein tiefes Vertrauen hatten den Weg zurück zu mir gefunden. Tatsächlich kann ich heute rückblickend sagen: Die verlassene Kollegin hat jetzt einen neuen Freund und ist völlig im Glück, der Krebs konnte mithilfe von medizinischen Wunderwaffen unter Kontrolle gebracht werden und meine beste Freundin arbeitet jetzt als Bäckerin statt in der Buchführung und ist dort glücklicher als vorher (was auch an dem charmanten und attraktiven Kollegen Jens, der ihr den Hof macht, liegen könnte – aber das nur so nebenbei). Mit anderen Worten: Es wurde tatsächlich alles gut und so bin ich auch im Nachhinein sehr dankbar, dass ich den restlichen Abend und auch die kommenden Tage, dank meiner Meditation, nicht im eigenen Sumpf negativer Perspektiven versunken bin.

Tag 8

Mein Mann hat die Angewohnheit, wichtige Dokumente, in diesem Fall seine Kreditkarte, in seinem Handyetui aufzubewahren. Er hat außerdem die Angewohnheit, dieses besagte Handy immer zu verlegen, und ist dadurch ständig genötigt, sich selbst anzurufen, um es wieder zu finden. Unser kleiner Sohn hat die Angewohnheit, Sachen, die er irgendwo findet, gleichzeitig zu verstecken. So erging es dann auch der Kreditkarte meines Göttergatten, der diese verzweifelt suchte, sein Handy anrief, dieses fand, aber leider – ohne Kreditkarte. Ich persönlich fand es schon frech, dass sofort der Kleinste der Familie unter Generalverdacht stand, wo wir doch alle hier und da, ich möchte sagen, wenig achtsam mit diversen eigentlich wichtigen Dingen umgehen, die dann gesucht werden müssen. Fast möchte ich behaupten, dass das Suchen von Dingen manchmal mehr Raum im familiären Alltag einnimmt als die gemeinsamen Mahlzeiten. Wie auch immer, Sohnemann soll's gewesen sein und wird eindringlich und verzweifelt gebeten, das Versteck preiszugeben. Er verteidigt sich vehement und erklärt, dass es ein Hirsch gewesen sei, der die Karte versteckt hätte. Wir fragten ihn, ob er denn zufällig gesehen hätte, wo der Hirsch die Karte versteckt hätte (wo auch immer er diese Idee mit dem Hirsch herhatte – vielleicht weil wir am Tag zuvor ein Wildgehege besucht hatten, und der unfassbar stinkende und herrische Anführer der Herde, also der Hirsch, gewaltigen Eindruck auf ihn gemacht hatte). Nun, er wusste es auch nicht, er hätte nur den Hirsch gesehen, aber nicht, wo sich das Versteck befinden würde. Der Herr des Hauses war sichtlich sauer, nicht weil ein Nebenbuhler, also ein Hirsch, die Macht über die Besitztümer seines Heims übernommen hatte, sondern weil er seine so wichtige Überweisung jetzt nicht machen konnte. Ich bot im selbstverständlich, mit säuselnder Stimme an, dass er heute, statt meiner, eine Meditation zur Entspannung machen könne. Ob er denn bei so einer Meditation ein Orakel befragen könne, wo denn seine Karte sei, fragte er mich, was ich verneinen musste und mir den Kommentar verkniff, dass ein achtsamerer Umgang mit dem Alltag dafür sorgen könnte, dass das Handy eben gar nicht irgendwo rumliegt, wo das Söhnchen bzw. der Hirsch, so leicht dran kämen. "Der Tag ist eh verloren", sagte er und zog von dannen. „Nun, hier hätte eine Meditation mit einem positiven Tagesrückblick schon geholfen, den Gesamtzustand zu verbessern, aber jeder, wie er meint", dachte ich mir und ließ ihn von dannen ziehen. Es stand an diesem Abend so ein bisschen auf der Kippe, ob sich Mama tatsächlich ihre „Herzenszeit" nehmen konnte, doch er kam nach seiner „Tetris-Me-Time" zurück, die Laune war wohl bemerkt unverändert, aber er fühlte sich gestärkt. Und so ging ich in mein Büro, nicht ganz so entspannt wie sonst, denn ich war mir nicht sicher, ob ich nicht doch für eine friedliche und harmonische Moderation zwischen den Parteien zu sorgen hätte. "Wenn was ist, dann holt ihr mich", sagte ich den Prinzen und ging. Ich drehte sogar das Schild auf „ME TIME – bitte nicht stören" um. An diesem Tag wollte ich genau das, was vielleicht auch meinem Mann gutgetan hätte: einen ausschließlich positiven Rückblick auf den Tag. Und so sammelte ich Kieselsteine an einem herrlichen Flussufer, für jeden guten Moment des Tages. Alles, was nicht so gut war, durfte ich bei dieser Übung einfach liegen lassen. Erstaunlicherweise kamen mir viele gute Momente in den Sinn, auch wenn ich zu Beginn der Übung überzeugt war, dass sich da nur wenige finden würde. Aber nein, bei detailliertem, entspanntem und achtsamem Reflektieren durfte ich feststellen, wie viele gute Augenblicke es tatsächlich doch gegeben hatte.

Danach ging es mir prima, dem werten Gatten immer noch nicht, weshalb die durch die Wohnung tänzelnde Dame des Hauses, glaube ich, auch an diesem Abend gewaltig auf die Nerven ging und wieder diese „Ich, armes Geschöpf, habe eine meditierende Frau"-Miene auf seine Stirn rief. Nebenbei sei bemerkt, dass er am nächsten Morgen immer noch recht mürrisch unterwegs war und auch, dass die Karte bis heute nicht aufgetaucht ist. Er bestellte sich allerdings eine neue und so konnte auch dieses weltbewegende Problem gelöst werden. Der Hirsch war von da an allerdings immer wieder der Sündenbock für Missgeschicke oder Versteckspiele.

Tag 9

An diesem Tag erlebte mein neuerdings geliebtes "Stopp! Moment mal!" einen äußerst amüsanten Perspektivenwechsel. Mein Sohn war in der Kindergruppe von einem größeren Kind geärgert worden und berichtete mir, auf seine entzückend kindliche Art, von seiner empfundenen Ohnmacht. Da ich ein großer Gegner von Gewalt bin, übten wir gemeinsam, sich verbal zu wehren, und so lernte mein 3-jähriger Junge, ein lautes und energisches "Stopp! Moment mal!" mit dazugehöriger Abwehrhaltung des Händchens zu formulieren. Als er dann am selben Tag beim Bäcker sein gewohntes Kinderbrötchen bekam, worauf ich, wie ebenfalls gewohnt, zu ihm sagte: "Und was sagt man jetzt?" , brüllte er die fassungslose Verkäuferin mit kräftiger Stimme und erhobenen Armen an: "Stopp! Moment mal!" Ich riss die Augen auf und raunte: „Nein, nicht das, das andere ... Danke musst du sagen." "DANKE!", brüllte er daraufhin genauso laut und wir entzogen uns schnellstmöglich den Blicken der kopfschüttelnden anderen Erwachsenen. Diese Geschichte verbindet das wirklich wirkungsvolle "Stopp! Moment mal!" mit einem völlig anderen Kontext, brachte mich aber dennoch darauf, es hier und jetzt mal genauer zu erklären. Im Grunde geht es darum, diese drei Worte dann anzuwenden, wenn wir bemerken, dass wir uns gedanklich in einem destruktiven Karussell oder einer Abwärtsspirale befinden. Auch gerne, wenn andere Menschen mit uns auf eine Art und Weise sprechen, die in uns eben diese negativen Gedanken aufkommen lassen. Genau dann ist es sinnvoll, dieses "Stopp! Moment mal!"

anzuwenden, wobei es entscheidend ist, dass dieses, nicht wie bei meinem Kleinen, laut gebrüllt wird. Ganz im Gegenteil geht es um ein inneres, leises, nur für uns im Stillen gedachtes "Stopp! Moment mal!", das uns dazu verhelfen soll, die gewohnte gedankliche negativ geprägte Autobahn für diesen Moment nicht einzuschlagen, sondern – innezuhalten. Wir sagen nicht "Stopp!" zu einem anderen Menschen oder einem Geschehen oder gar der ganzen Welt, wir sagen "Stopp!" zu unseren eigenen Gedanken, sofern wir wahrnehmen, dass diese uns nicht guttun. Man könnte hier auch einen Moment der Achtsamkeit einschieben, um dann – danach – direkt wertfrei zu reagieren oder man nimmt sich mehr Zeit und gönnt sich eine Meditation oder einen Inselmoment, um erst mal innere Klarheit zum Sachverhalt zu bekommen, bevor man Schlüsse zieht, die nicht hilfreich sind.

Der Rest des Einkaufens lief recht friedlich, abgesehen davon, dass ich die "Gut und Günstig"-Butter kaufen musste, in die mein Sohn im Kühlregal gebissen hatte und dass ich an der Kasse wieder einmal die lautstarke und alle Blicke auf uns ziehende Diskussion über den Kauf eines Überraschungseis führen musste, welches irgendein schlauer Mensch direkt auf Augenhöhe der Sprösslinge dekorativ platziert hatte. Würde man die Kassiererin nach ihrer Meinung fragen, würde bestimmt auch diese darum bitten, endlich die blöden Ü-Eier woanders hinzustellen, damit sie sich dieses Geschrei nicht ständig anhören muss, was zudem den Laden auch gewaltig aufhält. Aber das nur so nebenbei.

Da war auch an diesem Tag wieder so ein Moment, in beruflichem Kontext, der mich beinah ein wenig aus der Bahn geworfen hätte, wäre da nicht meine Rettungsweste "Stopp! Moment mal!" gewesen. Ich brachte im Gespräch mit einem Repräsentanten des Auftraggebers einen Lösungsvorschlag zu einem Problem an, worauf dieser in seinen Bart nuschelte: "Ist doch klar, dass so ein emotionaler Beitrag wieder von dir kommt, bist halt ne Frau – wir gehen hier mit solchen Problemen anders um." Puh! Innerlich pumpte ich mich zu einer kampfeslustigen Löwin auf, bereit mit einem einzigen Tatzenhieb den aufgeblasenen Gockel mir gegenüber nieder zu strecken, während gleichzeitig eine andere Stimme in mir beleidigt und kleinlaut proklamierte: "Ich sag nie wieder was." – "Stopp! Moment mal!" Es war hier weder besonders zielführend, dem Anzugfutzi ein "Chauvischwein" um die Ohren zu hauen, was eigentlich angebracht gewesen wäre, was ich mich tatsächlich aber niemals getraut hätte, noch war es sinnvoll, aus der Situation den Schluss zu ziehen, sich künftig gar nicht mehr einzubringen. Um diesen Reaktionsautomatismus meiner Person, den ich über Jahre pflegte, zu stoppen, nutze ich meinen Slogan, was mir Zeit verschaffte, kurz konstruktiv nachzudenken, und kam so auf die Wahnsinnsantwort: "Wenn man bedenkt, dass 50% Ihrer Kunden und auch Mitarbeiter weiblich sind, kann es doch nur bereichernd für Ihren Betrieb sein, wenn auch Sie Herangehensweisen und Lösungsansätze dieser Spezies nutzen, um noch effektiver und kundenorientierter die Firma voranzubringen." Leider hörte er diese Wahnsinnsantwort nicht mehr, war nämlich schon weiter stolziert, aber ein Kollege hat‘s gehört und mir anerkennend und mitleidig auf die Schulter geklopft. Immerhin. Zurück blieb ich und war schlecht gelaunt, was zu Folge hatte, dass ich den ganzen Tag irgendwie wütend war und irgendwie nicht aufhören konnte, weitere Wahnsinnsantworten zu suchen, die ich für das nächste Mal unbedingt parat haben wollte.

Komischerweise veranlasste mich diese Grundstimmung dazu, an diesem Tag auf ganz viele Dinge wütend zu reagieren, denen ich sonst vielleicht gelassener begegnet wäre. So machte mich ein Gespräch mit der Gruppenleiterin der Kinderkrippe wütend, da mein Sohn sich mal wieder eine Menge Blödsinn hatte einfallen lassen, um den Laden auf Trab zu halten. So was hört man ja nie gerne, denn schließlich möchte man über die eigenen Sprösslinge im allgemeinen lieber Lob als Tadel hören und man kann noch nicht mal viel sagen, denn man war ja nicht dabei und kann so nur mit den Worten: "Also, bei uns zu Hause ...", kontern, was meist auch mit einem eher mitleidigen Blick der Erzieher geahndet wird. Weiter ging es im Supermarkt, wo mich eine ältere Dame anraunzte, was ich denn mit dem ganzen Bio-Kram in meinem Einkaufswagen wolle. „Das sei doch nur Volksverarschung", meinte die weise Alte und wackelte weiter, ohne auch nur auf einen Kommentar zu warten. Zu guter Letzt musste ich noch den Augenverdreher meines wehrten Ehemannes über mich ergehen lassen, als ich auf die alltäglich Essensfrage mit "Gemüselasagne" antwortete.

An diesem Tag fühlte ich mich von der Welt grundsätzlich unverstanden und hatte eine Mordswut im Bauch, die sich nicht nur durch eine grimmige Miene, sondern auch durch eine spontane Hanuta-Fressattacke äußerte – genauer es waren fünf Hanutas in gefühlten 20 Sekunden, die ich nicht mal kaute, sondern im Ganzen verschlang. Jetzt war es wirklich Zeit für ein "Stopp! Moment mal!" und ich beschloss, meine Meditation an diesem Abend dem Thema "Wut auflösen" zu widmen. Bei der achtsamen Einleitung wurde ich gewahr, dass die Atmung heute so gar nicht tief fließen wollte und die Anspannung auch durch die energischen Befehle meiner Großhirnrinde nicht weichen wollte. Das war aber völlig in Ordnung, denn es geht bei der Übung nicht darum, alles wegzuzaubern, sondern eben wahr- und anzunehmen, was da ist. Im Verlauf der Übung durfte ich dann das Zentrum der Wut im Körper lokalisieren, was bei mir, wie schon erwähnt, der Bauch ist, dem ich mich dann gezielt mithilfe der Atmung annahm und die Wut durch ein angenehmeres Gefühl, nämlich Gelassenheit, Stück für Stück ersetzen durfte. Der Streich gelang und es ging mir danach deutlich besser, was ich daran merkte, dass ich der allabendlichen Zornattacke um das Ende der Filmzeit der Kids, die üblicherweise mit ordentlich Geschrei und einem verzweifelten Klammern ans Tablet einherging, gelassen und liebevoll begegnen konnte und der mentale Zugang zu ultimativer Lösung: "Bieten sie ihrem Kind eine Alternative", freigeschaltet war. Die Alternative war ein gutes Vorlesebuch mit dem passenden Titel: "Das kleine Wutmonster."

Tag 10

Es waren nun bereits 9 Tage vergangen, an denen ich mein Experiment „ME TIME – Meine Zeit" anwendete und ich erlebte eine erstaunliche Verbesserung bei der Bewältigung meines Alltags. An genau diesem Morgen passierte nämlich etwas Ungeheuerliches, etwas Unfassbares, das ich so tatsächlich schon lange nicht mehr erlebt hatte und was in mir ein Gefühl von innerer Silvesterparty auslöste – mit anderen Worten von fast schon ekstatischer guter Laune. An diesem Morgen rief der Mitarbeiter eines Auftraggebers an, um mich, wie schon oft, zu bitten, eine Zusatzaufgabe zu übernehmen, die eigentlich nicht in meinen Zuständigkeitsbereich falle (und die mich eine Menge Zeit kosten würde), aber er würde eben anrufen, weil ich das ja schon so oft und immer so toll für die Firma gemacht hätte und man meine Fähigkeiten jetzt eben wieder brauchen würde. Geld gäbe es dafür keines, aber es wäre doch bestimmt auch für mich ein schönes Gefühl, meinen Beitrag leisten können. Du glaubst nicht, was dann passierte, eine wirkliche Weltsensation in meinem kleinen Kosmos ... ich sagte: „Nein", – ganz einfach nein. Das kam schon locker zehn Jahre nicht mehr vor, oder eher, ich glaube, das kam noch nie vor. Dass es mir gelang, meinem Drang nach Anerkennung und Wertschätzung nicht nachzugeben, meinen inneren Moralapostel, der stets damit beschäftigt war, es allen recht zu machen, zum Schweigen zu bringen, das war schon eine erstaunliche Wendung in meinem mit 250km/h auf der Überholspurleben. Es war auch gar nicht schlimm, man war mir gar nicht böse, vielleicht etwas verwundert, weil man mich anders kennt, aber wirklich negative Konsequenzen hatte es nicht, dieses „Nein". Ganz im Gegenteil: Ich hatte Zeit gewonnen, Zeit für mich. Die Anerkennung und Wertschätzung, die ich mir durch unermüdliches Schaffen und Tun immer von anderen erhofft habe, hatte ich in diesem Moment mir selbst geschenkt, indem ich meinen Bedürfnissen nach Ruhe und ME TIME Raum gab und mir diese erlaubte.

Tatsächlich war ich insgesamt ruhiger und auch positiver unterwegs, gönnte mir immer wieder ein kurzes achtsames Innehalten und abends meine Herzenszeit, was mich, wirklich beobachtbar, in besseren Kontakt zu mir selbst brachte. Die letzten Wochen waren wie immer stürmisch, arbeitsam und voller Eindrücke und prägender Momente gewesen. Auch der heutige Tag war wieder voll und zeitlich streng getaktet, manches ging schief, anderes lief wie am Schnürchen, manches war ärgerlich, anderes wiederum höchst erfreulich. Und so beschloss ich, an diesem Abend einfach mal eine Runde Urlaub einzulegen und eine Reise an einen Meeresstrand zu genießen. Hier durfte ich im salzigen warmen Wasser vor mich hin treiben, neben mir trieben, in Form von kleinen Papierschiffchen, präsente Gedanken und Situationen, und ich durfte diese betrachten, mit mir treiben lassen, ganz entspannt und wie immer herrlich wertfrei genießen – mich einfach treiben lassen. Es tat nur unglaublich gut, was mich zu dem Entschluss brachte, diese Übung öfter zu machen und sie auch meinem Göttergatten als ersten Meditationsversuch – irgendwann einmal – unterzujubeln.

Was war inzwischen mit der anfänglich zugegebenermaßen etwas chaotischen Movie-Time der Kids, unter Aufsicht von Papa, passiert? Tatsächlich läuft es inzwischen großartig. Die Jungs genießen ihren Männermoment auf dem Sofa und drängen förmlich darauf, dass die Mama verschwindet und ihre ME TIME abhält, damit sie ihren zehn Minuten Männerabend starten können. Ich habe ja den Verdacht, dass da Schokolade am Werk ist, aber es sei ihnen und mir von Herzen gegönnt.

Inzwischen mache ich meine Fantasiereisen regelmäßig. Ich muss zugeben, aus dem Plan "täglich" wurde fünfmal die Woche, was aber konkret mit meinem nächsten Meilenstein, meinen Inselmomenten, zu tun hatte, die ich mir an den übrigen zwei Tagen gönnte. Dazu mehr im nächsten Kapitel.

III. Was ist der Sinn und Zweck einer Meditation?

Diese Frage ist recht leicht zu beantworten und gleichzeitig auch nicht, denn die Antwort wird höchstwahrscheinlich sehr individuell ausfallen – abhängig von dem, was du brauchst. So führt dich eine Fantasiereise nicht nur an Orte der Stille, sondern kann, wie oben beschrieben, vielfältige Themen behandeln, wie zum Beispiel: Motivation, Ziele, Selbstbehauptung, Konzentration oder Kraft schöpfen. Je nachdem, was du gerade an diesem Tag oder auch für den nächsten benötigst, kannst du wählen und dich innerlich einstimmen, auf was auch immer.

Durch den entspannten Zustand, in dem man sich während der Übungen befindet, nimmt man wie von selbst Kontakt zu seinem Inneren auf – und das nicht nur auf einer bewussten, sondern auch auf einer unbewussten Ebene. Viele Dinge, Gedanken, vergessene Kräfte, Ideen und Träume schlummern dort im Unterbewusstsein und man findet durch die Entspannung Zugang zu diesen verborgenen Schätzen, bekommt neue Impulse und erfährt gleichzeitig ein körperliches Wohlbefinden durch die Ruhe, die man seinem Körper schenkt.

Der Effekt ist unglaublich bereichernd. Es geht für mich hierbei um viele Aspekte: ein bewussteres Wahrnehmen meiner Gefühle, zur Ruhe kommen, den Tag sowie die eigenen Gedanken und Emotionen reflektieren, sortieren, akzeptieren, annehmen, die Selbstwahrnehmung schulen, positives Denken anwenden, Erkenntnisse sammeln, zufriedener und weitaus ausgeglichener durchs Leben gehen. Und vor allem: Zeit für mich. Diese Zeit habe ich mir bisher in dieser Form nicht genommen und mich so an vielen Stellen fast selbst verloren. Ich muss gestehen, ich kann jetzt auf die Frage: "Wie geht es dir?", tatsächlich eine Antwort geben, denn ich weiß, wie es mir geht – und zwar ziemlich genau. Nicht dass ich jedem, der diese Frage stellt, wirklich mit diesen Wahrheiten belästige und genau unterscheide, mit wem ich diese teilen möchte, aber es tut so gut, es selbst zu wissen, mich selbst zu spüren, mich selbst zu kennen. Denn wie kann ich Verständnis von der Welt erwarten, wenn ich selbst nicht so recht weiß, was es da eigentlich zu verstehen gibt? Wie kann ich erwarten, mit all meinen Schwächen und Fehlern, meinen Stärken und Talenten angenommen zu werden, wenn ich sie selbst nicht annehme? Wie kann ich meine Ziele erfolgreich verfolgen und erreichen, wenn ich gar nicht genau weiß, was ich eigentlich will? Die Mediationen haben mir entscheidend geholfen, diese Fragen zu beantworten und meine Ziele zu erreichen: in gutem, liebevollem und wertschätzendem Kontakt mit meinem Umfeld und mir selbst zu sein.

Kapitel 3: Inselmomente

I. Der Körper und seine Signale

Dass man sich eventuell zu wenig um die eigene körperliche Gesundheit kümmert, wird einem meist durch einen, in diesem Stadium völlig Fremden vermittelt – genauer, durch den eigenen Körper. Dieser signalisiert durch diverse kleinere Leiden, dass etwas aus der Balance geraten ist, und schickt Signale, wie in meinem Beispiel, unreine Haut, Zyklusschwankungen, Rückenschmerzen, Nackenverspannungen, Kopfschmerzen oder auch mal einen gebrochenen Zeh. Für alles hat man natürlich rationale Erklärungen parat, die ausschließlich Außeneinflüsse als Ursache für die Beschwerden sehen, weshalb sich die Probleme natürlich auch unmöglich ändern lassen. So kam die unreine Haut natürlich von hormonellen Umstellungen nach den Schwangerschaften, ebenso wie die Zyklusprobleme. Die Nackenverspannung ist auch ganz normal, wenn man viel am Computer sitzt. Und das mit dem Rücken geht halt allen Müttern so, da man die Kinder viel tragen muss und möchte. Und für den gebrochenen Zeh kann man ja wirklich gar nichts. Der Schwabbelbauch ist auch ein Übel, mit dem man leben muss nach zwei Geburten. Und die Verdauungsprobleme gehen bestimmt auch in Bälde von alleine wieder weg, spätestens dann, wenn man all diese nervenzehrenden Projekte abgeschlossen hat, die einem schon ganz schön auf dem Magen liegen. Der Körper und man selbst wird zum Opfer von Alter, Hormonen, äußeren Stressfaktoren, gegen die man allesamt nichts, aber auch gar nichts unternehmen kann und gezwungen ist, alles zu erdulden – geht ja jedem so.

Dabei gab es Zeiten, da war das anders. Da war es selbstverständlich, sich Zeit fürs Essen zu nehmen und nicht schnell im Stehen einen Sandwich einzuatmen. Da war Sport eine voll integrierte Freizeitbeschäftigung und nicht ein mit Naserümpfen verwendetes Fremdwort, das man im selben angenervten Tonfall, wie zum Beispiel "Steuererklärung", von sich gibt. Meine Gedanken über dieses Thema wurden von einem lauten und nostalgischen Seufzer begleitet, der ungefähr so klang: "Früher mal, als ich noch jung war, in meinem letzten Leben, vor den Kindern." In diesem früheren Leben hatte ich zahlreiche Hobbys und meine Tage waren öfter als selten gefüllt von vielen Dingen, die mir einfach nur Spaß machten, ohne dabei einem höheren Zweck oder Plan zu dienen als eben nur meiner Freude und meinem Wohlbefinden. Viele Freunde, Kollegen und Bekannte verschieben dieses Laissez-Faire gerne auf den nächsten Urlaub oder manche Schlaue aufs Wochenende, in den gravierendsten Fällen warten einzelne und nicht wenige bis zur Rente. Meine Wenigkeit verschob diese Momente nirgendwohin, weil sie einfach nicht mehr existierten, und auch das sich ab und zu kleinlaut zu Wort meldende Bedürfnis danach wurde durch Sätze wie: "Ich brauche bestimmt keine weiteren Punkte auf meiner To-do-Liste", in seine Schranken verwiesen. Noch mehr Verpflichtungen, wo mir doch jetzt schon alles über den Kopf wächst? Noch mehr stille Verträge mit mir selbst, die mit den Worten beginnen: "Du musst jetzt noch ...", nein, bestimmt nicht. Das ist nichts für mein Leben. Jetzt noch Sport machen? Jetzt noch was lesen? No way – es gibt doch noch so viel Wichtiges zu erledigen. So oder so ähnlich ging ich jahrelang mit der Ressource "Auszeit" um und das Ergebnis war ernüchternd und hätte mich in Teufelsküche bringen können, wäre da nicht dieser gelobte Tag gewesen, irgendwo rechts ran gefahren, neben irgendeiner Straße dieser Welt.

II. Auszeit zum Relaxen

Das Ziel war es, mir Momente zu schaffen, in denen ich eben gar nichts MUSS, hinter denen sich keine Pflicht versteckt, sondern Freude und Spaß. Etwas zum Entspannen, Zerstreuen, Relaxen, Muße tun – irgendetwas anderes als Arbeit oder konkrete familiäre Aufgaben. Mit einer achtsamen Tasse Kaffee am Morgen begann ich meine Suche nach den richtigen Inselmomenten, gefolgt von einer einmal wöchentlichen erholsamen Badewanne. Die Aufschrift "Auszeit" auf meinem Badezusatz brachte mich jedes Mal wieder zum Lächeln und ließ mich unweigerlich einmal so richtig tief durchatmen. Da hat sich ein schlauer Marketing-Experte wirklich Gedanken gemacht, als er Design und Text plante, und hat, allein nur durch meinen Konsum, inzwischen bestimmt ein Vermögen verdient.

Was könnte ich neben Kaffeetrinken und Badewanne noch tun, um mir meinen Inselmoment zu nehmen? Die Bedürfnisse und Vorlieben sind hier selbstverständlich völlig individuell. Von Saunabesuchen, Spaziergängen, Naturerlebnissen, Essen oder Feiern mit Freunden, Malen, Stricken, Korbflechten bis hin zum simplen Lesen eines Buches ist alles möglich.

Wann habe ich eigentlich das letzte Mal ein Buch gelesen, ohne den Hintergedanken, mir damit neues Fachwissen anzueignen? Puh – locker zehn Jahre her, abgesehen von Pippi Langstrumpf und Jim Knopf, die zwar auch echt viel Freude machen, aber dann doch eher zum Abendritual der Kinder gehören als zu meinem. Das sollte sich ändern. Ich beschloss, das Ganze groß und festlich anzugehen, und machte mich am nächsten Morgen majestätischen Schrittes auf zu einem Buchladen, um mich beraten zu lassen, und den richtigen, möglichst intelligenten, humorvollen und gleichzeitig einfach zu lesenden Roman für meinen Inselmoment zu finden. Mit Patrick Süßkinds "Die Geschichte des Herrn Sommer" im Gepäck stolzierte ich erhobenen Hauptes nach Hause mit dem Plan, am nächsten Wochenende 30 Minuten einfach nur zu lesen.

Gedacht – getan. Es war ein wunderbarer Moment da mit meinem Buch und meinem Tee auf meiner Insel – einfach so am helllichten Tag, mitten im Trubel des Alltags – sehr ungewöhnlich. Als ich anschließend nach draußen zu den Kinderlein kam, empfing mich sogleich der Wirbelsturm des Mutterdaseins. Dieser Wirbelsturm duftete wie immer nach einer Mischung aus Butterkeks und Sandkasten, sah mich mit großen Kulleraugen an, zupfte mit kleinen schmutzigen Händchen an meinem Pulli und rief: "Die Mama ist wieder da!!! Spielen wir Bauernhof?" Ich antwortete: „Nur wenn ich nicht wieder drei Stunden das Pferd sein muss." „Ok," antwortete das Zuckerschnütchen, „dann bin ich der Bauer, du die Bäuerin und dann umgekehrt!" Und dann spielten wir Bauernhof. Oh ja, wir spielten voller Freude, mit bestens gelaunter und frisch aufgetankter Mama. Auch wenn ich nicht mehr auf meiner "Insel" war, so nahm ich das Gefühl dieses Momentes irgendwie mit in den Rest des Tages, fast so, als wäre unser Bauernhof an diesem Nachmittag auch irgendwo mitten im Meer, umgeben von Strand und den endlosen Weiten des Meeres.

Was auch immer dein Inselmoment werden darf, sei dir natürlich völlig selbst überlassen. Mein Rat an dieser Stelle lautet nur: Nimm dir deine Zeit, auch dann, wenn du den Eindruck hast, du würdest es diese Woche gar nicht wirklich brauchen, da sich der innere Akku noch gut aufgeladen anfühlt. Gerade dann läuft man Gefahr, dass diese letzten 35% Ladevolumen urplötzlich aufgebraucht sind. Und erfahrungsgemäß lässt sich der innere Computer, ist man erst mal bei 0% angelangt, nur sehr langsam wieder hochfahren – und vielleicht geht dabei sogar das eine oder andere Dokument verloren. Mit anderen Worten: Wenn man seine Relax- und Inselmomente regelmäßig pflegt, spart man am Ende sogar noch Zeit und genau diese Zeit ist eine unserer wertvollsten Ressourcen – also sollten wir sie uns von Herzen gönnen.

III. Körperliche Aktivität

Der zweite Teil meiner Inselmomente sollte doch etwas mit körperlicher Betätigung zu tun haben, denn, wie ich gelesen hatte, ist es wissenschaftlich belegt, dass körperliche Gesundheit nicht auf dem Sofa, sondern doch eher auf einem Fahrrad beginnt.

Ich erinnerte mich, dass ich in einem früheren Leben, also vor ungefähr 15 Jahren, mal so was Verrücktes wie Yoga gemacht habe. Und ich erinnere mich auch, dass es mir damals wahnsinnig guttat.

Auch Joggen gehörte in diesem fernen Damals zum Alltag, genauer zweimal pro Woche – und auch das waren in meiner Erinnerung glorreiche Momente voller Stolz und körperlicher Kraft.

Dass es hier einiges zu überwinden gilt, ist jedem klar, und dass ein konkreter und durchführbarer Plan sowie ein festes Vorhaben dazu gehören, auch. So beschloss ich, meinen ersten sportlichen Inselmoment am kommenden Samstag anzugehen – 30 Minuten Yoga mit Anleitung aus dem Internet. Jetzt galt es noch, die liebe Familie für diesen Anlass zu versorgen, für was sich ein Flohmarkt im Kindergarten bestens anbot, zu dem ich meinen Mann mit den Kids schickte, wohl wissend, dass diese überglücklich und reichlich beschenkt vom großzügigen Papa, zurückkommen würden. Ich freute mich sehr auf meine ME TIME und posaunte, kurz bevor die Prinzen das Haus verließen, noch einige Anweisungen durch die Küche, um den Göttergatten in aller Kürze zu instruieren.

Der Dialog ging ungefähr so:

Sie: *Kannst du der Karin noch sagen, dass ich nächste Woche Laugenbrötchen zum Fußballturnier mitbringe, und die Nina erinnern, dass sie mir noch die Daten schickt für die Elternvertreter-Konferenz am Mittwoch.*

Er: *Karin ist doch die Blonde, die Mama von Benit, oder?*

Sie: *Nein, die heißt Anneliese, die Blonde ist Nadine, die Mama von Laura. Karin ist die Mama von Mirko.*

Er: *Ach ja, der ist doch auch in der 2a?*

Sie: *Nein, du meinst Nicko, Mirko ist auch im Kindergarten.*

Er: *Ja, ja, ich weiß und die Mama von Nicko heißt Conny.*

Sie: *Konstanze, Conny ist die Mama von Finn.*

Er: *Also, nochmal, was soll ich der Nadine sagen?*

Sie: *Nicht der Nadine, sondern Karin ... ich glaub, ich schreib dir mal eine Liste mit den wichtigsten Personen von unserem Kindernetzwerk.*

Er: *Die kann ich mir auch nicht merken.*

Sie: *Und wahrscheinlich auch nicht, wo du sie hinlegst.*

Er: *Hmpf.*

Sie: I*ch möchte an dieser Stelle liebevoll erwähnen, dass Meditationen erheblich dazu beitragen können, die Konzentrationsfähigkeit zu erhöhen.*

Er: *Super Idee, so eine Fantasiereise zum Mond mit allen Kindergarten- und Schulmamas mit mir in einem Spaceshuttle, ich kann's gar nicht erwarten. Außerdem kenne ich viele Namen, zum Beispiel weiß ich, wie die Mama von Maren heißt, nämlich Julia.*

Sie: *Fast, nicht ganz, Julia ist falsch – denk mal an Aladin ...*

Er: *Wieso Aladin?*

Sie: *Oh Mann, Prinzessin Jasmin, – Jasmin heißt die Mama von Maren.*

Er: *Soll ich jetzt auch noch wissen, wie alle Disney-Prinzessinnen heißen?*

Sie: *Sag am besten zu allen, die du triffst, nur DU. Über die Meditation können wir später nochmal sprechen.*

Er: *Ich sag Du und, wenn ich die Mama von Maren treffe, denke ich an Alibaba.*

Sie (stöhn): *Aladin!!!*

Es war nicht der erste Dialog dieser Art, den wir führten, aber ich hatte, zielgetreu mal wieder meine Meditationsmotivationen eingebaut, immer noch in der Hoffnung, dass er sie eines Tages macht – die Fantasiereise, von mir aus auch zum Mond (ohne Kindergarten-Mamas).

Ich aber machte mein Yoga. Es tat zugegebenermaßen ein bisschen weh, dieses Dehnen, dieses fast vergessene Gefühl, wenn der Körper mal auf andere Weise arbeitet als durch hektisches Rumrennen. Aber aus Erfahrung wusste ich, dass es ein bisschen Zeit braucht, wieder reinzukommen, und die wollte ich mir nehmen. Und so plante ich fortan einmal pro Woche 25 Minuten. Der Effekt war verblüffend. Nach einiger Zeit, genauer zwei Monaten, stellte sich fast schon eine Sucht nach Yoga ein. Der Körper wollte das und verlangte danach, fast wie nach Schokolade, und hinterließ auch ein vergleichbares Gefühl von Wohlbefinden und Befriedigung.

Was genau für dich und deinen Körper das Richtige ist, darfst und sollst du selbstverständlich für dich entscheiden. Wichtig ist, dass es dir wirklich Freude bereitet, einen Ausgleich zum Rest deines Alltags darstellt, du es als bewusste Auszeit genießt und dass es dir, deinem Körper und deiner Gesundheit wirklich guttut. Gönne dir deine Inselmomente!

IV. Die Schokoladenseite der Karotte

Ich möchte an dieser Stelle nur einen kurzen Exkurs zum Thema Ernährung unternehmen, findet der Ratsuchende doch in diesem Bereich, wie auch in vielen anderen der Gesundheitsprävention, zahlreiche Tipps und Vorschläge in Büchern, Internet oder durch ansprechende Apps. Ich möchte hier lediglich ein paar kleine Stellschrauben meiner Ernährungsumstellung für dich offenlegen, die dir vielleicht auch helfen können, sowohl dich als auch die werte Familie gesünder und mit Vitaminen und Ballaststoffen versorgt auf den Weg zu schicken.

Zunächst geht es darum, die eigenen Essgewohnheiten mal unter die Lupe zu nehmen, nicht mit dem Ziel, sich künftig alles, was Spaß macht, zu verbieten und grundsätzlich auf Schoki, Alkohol oder Pommes zu verzichten, sondern ein gesundes Maß zu finden, das durch die Aufnahme von Gesundem ergänzt wird. Hier sind, wie wir alle wissen, Vitamine und Ballastaststoffe sehr wichtig, was Schlagworte wie „ausgewogene Ernährung" auf den Plan ruft. Ausgewogen heißt in diesem Fall nicht, es gibt im Laufe der Woche Pizza, Spagetti, Pommes, Burger, Döner, Chips, Süßes und als Ausgleich dazu samstags einen Apfel. Es bedeutet schon, jeden Tag ein gewisses Maß an Gemüse, Obst und Vollkornprodukten zu sich zu nehmen. Was grundsätzlich hilft, ist, sich diese gesunden Sachen zunächst mal zu kaufen, sodass sie verfügbar sind, wobei es gleichzeitig hilfreich sein kann, die vielleicht gewohnten, aber ungesunden

Verführungen, wie zum Beispiel Hanuta, einfach im Regal des Supermarktes stehen zu lassen. Ganz ehrlich: Wenn die Chips nicht im Haus sind, kann ich sie auch nicht essen. Klingt einfach – ist es auch, setzt allerdings voraus, dass man es eben tut. Da der Mensch ein Gewohnheitstier ist, ist er in der Lage, sich erstaunlich schnell umzustellen. Und schon nach kurzer Zeit kann sich sogar so was völlig Verrücktes wie Heißhunger nach rohem Gemüse bemerkbar machen. Ebenso kann aus dem gewohnten Griff in die Süßigkeitenschublade auch ein gewohnter Griff in den Obstkorb werden, was ja, wie gesagt, nicht bedeutet, dass der Süßigkeiten-Schrank von heute an mit einem kniffligen Vorhängeschloss versehen werden muss. Es geht vielmehr um eine gesunde Balance. Des Öfteren höre ich allerdings, besonders von anderen Mamas: "Ja, ich würde ja auch gerne meine Ernährung umstellen, aber bei uns isst das außer mir keiner. Und nur für mich alleine ist mir das zu aufwendig."

Hier steht zunächst die Meinung vieler Menschen, dass gesundes Essen grundsätzlich nicht schmeckt, als erstes mögliches Hindernis im Weg. So reagierte mein Mann auf die Ansage "Gemüselasagne" mit zerknirschter und verzweifelter Miene, vor seinem inneren Auge flatterten in diesem Moment bestimmt verlockende Grill-Hähnchen und Schweinehaxen, leider aber in unerreichbar weiter Ferne, und er tat sich gehörig leid, dass er heute darauf verzichten musste. Tatsächlich schmeckte ihm die Gemüselasagne aber vorzüglich und ebenso bemerkte der Große, dass es ihm besser schmecken würde als die normale Lasagne.

Auch die Rohkostplatte gehört inzwischen zu unserem Wochenendfrühstück wie der Speck zum Rührei. Was zunächst mit großer Skepsis von den Prinzen des Hauses beäugt wurde und mit Sätzen wie: „Das esse ich nicht, das ist grün", gestraft wurde, erlangte durch den passenden Dip zum Gemüse eine enorme Aufwertung. So essen sie zwar auch Dip, in Form von Streichkäse mit Tomatenmark, aber auf diesem Weg bekomme ich eine gehörige Portion Rohkost in die Herren hinein, die allen auch noch schmeckt.

Für die morgendliche Ration Obst entwarf ich auch Strategien, die es für uns alle attraktiver machen, dieses auch komplett aufzuessen. Diese Strategien reichen von lustigen Bananen, Apfel- und Traubengesichtern auf Nutella-Broten, über Obstspieße bis hin zu einem leckeren Smoothie, bei dem ich eben alles zusammen mixe. Das Ende der Geschichte: Alle bekommen ihre nötigen Rationen, ohne dass Mama betteln muss: „Jetzt iss doch bitte die gesunden Sachen auf deinem Teller!" Auge und Ohr essen mit und das gilt nicht nur für kleine Kinder, sondern auch für große wie meinen Mann. So heißt das Gemüse bei uns nicht mehr Rohkostteller oder, wie mein Mann zu sagen pflegte "Hasenfutter", sondern "Turbo - Energy - Booster", der Smothie heißt "Zaubertrank" und die Gemüselasagne "Lieblingsessen" - zumindest beim Großen. Abschließend möchte ich dir raten, einfach nicht zu schnell aufzugeben. Vollkornbrot ist nicht grundsätzlich "eklig". Beim Kauf mehrerer Sorten und einigen Versuchen durfte ich feststellen, dass manche Sorten Kind und Kegel richtig gut schmecken und - sogar mit Rinde - gegessen werden. Manche vegetarischen Gerichte und manche Gemüsesorten kommen gut an, manche eher weniger, was mich nicht davon abhält, auch die unbeliebten immer wieder in neuen Varianten zu probieren, bis zum Beispiel Mangold-Spaghetti, in Kombination mit Pesto, plötzlich zum 2. Lieblingsessen meiner Feinschmecker erklärt wird. Auch hier gilt wieder: Vertraue dem Prozess und gib nicht zu schnell und auch noch frustriert und beleidigt auf, wenn es mal wieder heißt: "Igitt, das mag ich nicht" oder "wo ist mein Nackensteak?" Entdecke gemeinsam mit deinen Freunden, Familie oder Partner neugierig die Schokoladenseite gesunder Lebensführung, indem du deine und eure Ernährung Stück für Stück ausgewogener gestaltest und gleichzeitig körperlich spüren darfst, wie gut dir und deiner Waage diese Maßnahme tut.

Genau diese einerseits verhasste, aber doch so nützliche Waage. Genauer die Zahl, die auf derselben zu lesen ist, veranlasst so manchen, über eine Ernährungsumstellung nachzudenken. Ganz nebenbei geht es hier allerdings nicht nur um den Wunsch, dass da doch bitte eine andere Zahl stehen soll und zwar nicht nach, sondern vor dem Komma, sondern auch um eine Sehnsucht nach körperlichem Wohlbefinden, was den herrlichen Begriff „Wohlfühlgewicht" ins Leben gerufen hat. An dieser Stelle möchte ich nochmals auf die Wirkung der Achtsamkeit aus dem ersten Kapitel zurückkommen. Viele Freunde und Klienten, die sich mit dem Thema näher auseinandersetzen, berichten von Essgewohnheiten, die eher dem Gegenteil von Achtsamkeit entsprechen, nämlich hektisches, unkontrolliertes, am Ende noch eben mal schnell im Stehen zu sich genommene Nahrung, was oft damit endet, dass sich der Hunger oder besser das Bedürfnis zu Essen unerklärlicherweise ganz schnell wieder meldet und man eben wieder zum eigenen Kühlschrank oder dem Süßigkeiten-Teller in der Kaffeeküche des Büros schleicht, um erneut, ganz nebenbei, etwas einzuschieben. Was diesen Augenblicken fehlt, ist die Achtsamkeit, das Genießen des Momentes, das Genießen des Essens. Nachgewiesenermaßen ist es sehr effektiv für die Gewichtsreduktion, wenn man die Mahlzeiten, die man sich gönnt, mit allen Sinnen und ganz bewusst erlebt. Hier kannst du mit den neun Fragen aus Kapitel 1 arbeiten, um dir den Augenblick des Essens ganz und gar bewusst zu machen. Hier geht es nicht nur darum, mit sich ins Gericht zu gehen und vielleicht Folgendes zu denken: „Hey, Magen, du kriegst gerade was zu essen, merk's dir, denn die nächsten vier Stunden gibt es nichts mehr", sondern vielmehr darum, eine körperliche Befriedigung in tieferem Sinne auf verschiedenen Ebenen zu erfahren. Oft liegen dem unkontrollierten Essverhalten, dem Nachschlag zu viel oder dem Drang nach Süßem andere Bedürfnisse zugrunde als nur Hunger, – das Bedürfnis nach einer Auszeit, nach Genuss, nach einer Pause, einem Innehalten, einer Belohnung sowie bei gemeinsamen Mahlzeiten auch nach Geselligkeit, Austausch, Beisammensein. Durch das Einschieben eines achtsamen Momentes beim Essen, und sei es nur für 60 Sekunden, werden diese Sehnsüchte unweigerlich auch befriedigt, indem ich eben mit allen Sinnen wahrnehme und mir bewusst mache, dass das, was ich neben der puren Nahrungsaufnahme eben auch brauche, eigentlich voll erreicht ist. Diese Vorgehensweise erleichtert so manches Diätvorhaben und führt, ganz nebenbei, wie im ersten Kapitel ausführlichst beschrieben, noch zu weiteren Verbesserungen des allgemeinen Wohlbefindens.

Stell dir also gerne auch beim Essen deine neun Fragen, um sowohl hektisches, unkontrolliertes oder auch übermäßiges Essen weitestgehend zu vermeiden und gesund und wertschätzend mit dir und deinem Körper umzugehen, denn Essen ist und bleibt ein herrlicher Genussmoment, den man ausschweifend, also mit allen Sinnen, erleben darf. Ich wünsche dir viel Spaß bei deiner Entdeckungsreise rund um die gesunde Ernährung und viele achtsame Momente des freudigen Genießens!

Kapitel 4: Mögliche Stolpersteine auf dem Weg zum Ziel

Im Prozess, den ich selbst durchlaufen durfte, stieß ich auf eine Reihe unerwarteter Widerstände, Hindernisse und Stolpersteine, gehäuft zu Beginn meiner kleinen Reise, aber auch noch im späteren Verlauf, als sich die kleinen Veränderungen schon recht stabil in den Alltag integriert hatten. Ich möchte an dieser Stelle diese Erfahrungen mit dir teilen, einfach nur um aufzuzeigen, dass es ein Stück weit normal ist, aber auch um zu verhindern, dass du aufgrund falscher Schlussfolgerungen zu früh aufgibst und eine Idee verwirfst, die für dich genau richtig wäre und nur an einer Kleinigkeit scheitert, die man sich gerne bewusst machen und verändern darf.

I. Negative Denkmuster entschlüsseln und verändern

Beginnen möchte ich da, wo eben alles beginnt – alles was wir tun, wie wir uns verhalten, wie wir die Welt und uns selbst bewerten –, nämlich bei unseren Gedanken. Ich begegnete meinem ersten inneren Stolperstein ganz zufällig, nämlich bei einem meiner anfänglichen Inselmomente, als ich mich mit meinem Buch zurückzog und meinem Mann für die vereinbarten 30 Minuten die Kinder überließ, um mir Zeit für mich zu gönnen. Da saß ich nun wie geplant auf meinem Sessel, das Buch war wirklich gut und der neben mir stehende Tee verströmte einen Duft, den ich unweigerlich mit purer Entspannung verband, aber dennoch war da so ein ungutes Gefühl in mir, so eine Unruhe, so eine Zerrissenheit. Was war da los? Welcher innere unbewusste Text lief da vielleicht gerade in meinem Gehirn ab, der mir diese Auszeit missgönnte? Ich dachte einen Moment nach und entlarvte mit Schrecken den gewöhnlichen, aber gleichzeitig mächtigen Verursacher meines Zustandes: das schlechte Gewissen! Ja, da war es, unüberhörbar formulierte es innere Sätze wie: "Das kannst du jetzt echt nicht bringen, die Kinder so abzugeben. So fertig bist du doch gar nicht, dass du das jetzt brauchst. Du hast doch noch genug Kraftreserven. Das ist voll egoistisch ...", und so fort und so fort. Ich hätte meinem inneren Moralapostel oder Besserwisser oder Spielverderber – wie auch immer man ihn/es/sie nennen mag – stundenlang zuhören können. Der Text war lange und die Klappe halten wollte ES auch nicht. Ich gebe die

Kinder ja eigentlich ständig ab: an meinen Mann, an die Schule, die Kindergruppe, Oma und Opa, Tante und Onkel oder einen Babysitter – aber das üblicherweise nur dann, wenn ich wirklich etwas sehr sehr Wichtiges zu tun habe, wie zum Beispiel Arbeit oder Arztbesuche, aber auf gar keinen Fall einfach so – wegen ... nichts, genauer einem Buch ... noch genauer einer Mama-ME TIME. Absurd. Gerade wollte ich wieder aufstehen und meine Leseidee über Bord werfen, als sich mein „Stopp! Moment mal!" in die Situation einmischte und mich innehalten ließ. Ich überlegte, welcher Text da genau in mir ablief, ob er wirklich Sinn macht, wirklich stimmt und wie ich vielleicht diese Stimme wohl zum Einhalten bewegen könnte. Mir fiel urplötzlich eine schon fast vergessene Situation ein, die ich vor mehr als 15 Jahren bei einer endlos langen Zugfahrt erlebte. Da war eine Mutter mit ihren beiden Kindern, direkt neben mir am Vierertisch, und besagte Mutter kümmerte sich liebevoll und äußerst kreativ darum, die Kids zu beschäftigen. Als der Snackwagen vorbeikam, kaufte sie sich einen Kaffee und erklärte den Kindern, dass sie den jetzt ganz in Ruhe trinken werde und die beiden, bis der Becher leer sei, alleine spielen sollten. Es gab leise Proteste, aber die fremde Mama lehnte sich unbeeindruckt davon zurück und genoss mit geschlossenen Augen ihren Kaffee. Danach ging das fröhliche Spiel bestens gelaunt weiter, mit einer weiterhin tiefenentspannten Mutter. Ich war damals noch ein junges Ding und hatte keine Erfahrung mit Kindern, geschweige denn mit eigenen, erinnere mich aber, dass ich schwer beeindruckt war von dem Ritual dieser fremden Person. Inspiriert von dieser Erinnerung beschloss ich eine Variante des beliebten Therapie- und Coaching-Tools "Die Stellvertretertechnik" einzusetzen, entwickelt vom Hamburger Psychotherapeuten und Hypnoseexperten Ortwin Meiss. Ich versuchte, mir vorzustellen, dass eine andere Person, zum Beispiel eine andere Mama, genau das macht, was ich gerade mache: Sie zieht sich für 30 Minuten zurück, um zu lesen und überträgt für diese Zeit jemand anderem die Verantwortung. Wie würde ich das finden? Was würde ich über diese Mutter denken? Erstaunt musste ich feststellen, dass ich diese Mutter bewundern würde für ihren Mut, ihre Freiheit. Ich stellte fest, dass ich es eigentlich genau so richtig finde, dass ich es sogar als ihr gutes Recht ansehe, sich diese Momente zu gönnen. Ist es nicht so, dass manche Väter wie selbstverständlich ihre Auszeit für sich beanspruchen, indem sie sich zum Beispiel, wenn sie von der Arbeit kommen, erst mal in Ruhe Zeit zum Abschalten nehmen, während eine Mama gewöhnlicherweise, ohne Rücksicht auf Verluste, noch bevor sie ihre Tasche ablegen konnte, das Kind auf dem Arm hat, wenn sie von der Arbeit kommt? Nicht selten höre ich Klagen über eben solche inoffiziellen Gesellschaftsregeln, begleitet von der Annahme, dass es ebenso ist und man es auch nicht ändern kann. Das ist wohl das Los des Mutterseins. Wirklich? Ich grübelte mich so sehr in Rage, dass ich wahrscheinlich, in diesem Augenblick, für genau dieses Thema, mit großem Banner bekleidet, auf eine Frauenrechtsdemo gegangen wäre, auf dem gestanden hätte: "Auszeiten für alle!"

Ach – da haben wir es ja schon, die Stellvertretertechnik hat ihre Wirkung gezeigt. Ist es nicht vielleicht richtiger und auch sinnvoller, diesen Gedanken zu denken, nämlich "jeder verdient seine Auszeit", also auch ICH, also auch DU, statt den geistigen Ausschweifungen von "das ist voll egoistisch" nachzugehen? Bin ich nicht anschließend eventuell eine bessere, entspanntere Spielgefährtin, Partnerin, Kollegin oder Vorgesetzte? Geh ich nicht eventuell gelassener und mit Energie aufgeladener ans Werk? Und nehmen sich andere diese Auszeiten nicht auch ganz selbstverständlich? Ja – so ist es. Also begann ich zu lesen, kam nicht weit, denn ich hatte ja einige Zeit mit Denken verbracht, fühlte mich aber dennoch tatsächlich richtig gut, stolz und bereit für neue Abenteuer.

Einem ähnlichen Stolperstein begegnete ich im beruflichen Kontext. Eine Fantasiereise stand auf dem Programm und war fest vorgenommen, aber da lauerte dieses dringende und eigentlich unaufschiebbare Projekt, das eigentlich wirklich meine ganze Aufmerksamkeit und Zeit benötigte und das jetzt tatsächlich für zehn Minuten einsam und alleine im Büro auf mich warten sollte, während ich meine "Herzenszeit" vollführte? Nein, das geht doch nicht! Erst die Arbeit, dann das Vergnügen, ohne Fleiß kein Preis, selbstständig heißt eben selbst und ständig, du musst doch noch ..., du darfst doch jetzt nicht ..., du bist doch danach bestimmt gar nicht mehr bei der Sache und voll müde ... und so fort und so fort. Auch hier hatten meine inneren Besserwisser ein Sammelsurium an Weisheiten parat, die sich in Form eines penetranten inneren Dialoges zwischen meine Atemübung schoben. "Stopp! Moment mal!" – Meditation aus. Was war da los? Was sind denn das für Sprüche? Glaube ich die überhaupt? Finde ich die eigentlich richtig? Rate ich das meinen Klienten? Immer weiter arbeiten, bloß nicht innehalten, denn Ruhephasen sind völlig überbewertet? Im Gegenteil! Proklamiere ich nicht beinahe täglich, wie wichtig diese Auszeiten sind, um wieder Energie zu tanken, um mit neuem Enthusiasmus und "formatierter innerer Festplatte" effektiver zu arbeiten? Ja, genau das tue ich. Also, wenn diese Regel für andere gilt, dann auch für mich. Warum nicht? Auf "warum nicht" hatten auch die inneren Schulmeister keine Antwort und hielten die Klappe, übrigens von da an immer, wenn ich meine Meditationen machte. Und tatsächlich lief die Arbeit danach wie am Schnürchen und man kann nicht behaupten, dass die 10 Minuten ME TIME irgendeine negative berufliche Konsequenz hatten – ganz im Gegenteil. Es geht also im Grund darum, sich selbst, aus tiefem Herzen, die Erlaubnis zu geben, zu genießen, zu entspannen, sich mal um sich zu kümmern. Ich möchte das. Ich gönne mir das. Ich brauche das. Ich darf das. Ich erlaube mir das!

Kommen wir zum Thema Sport und körperliche Betätigung, die, wie allseits bekannt, auch einige mächtige innere Gegner haben, die es zu überwinden gilt, zum Beispiel: die Trägheit. Da stehe ich nun also, fertig angezogen zum Joggen, also eigentlich komplett startklar, aber da melden sich die Beinmuskeln: "Ist das dein Ernst? Hey, wir sind so müde, schau mal, wir können gerade nicht mal einen einzigen Schritt machen, und du willst joggen? Hast du sie noch alle? Lass uns doch lieber aufs Sofa legen oder gleich schlafen gehen, das ist für uns bestimmt viel viel besser." Dann meldet sich der innere Schweinehund und gibt auch noch seinen Senf dazu: "Die Beine haben recht, komm, Schuhe aus, der Tag war anstrengend genug." Also, wenn sich da so viel Widerstand auftut, frage ich mich, welchen Sinn es tatsächlich macht, bekloppterweise joggen gehen? Man soll es nicht glauben, aber es gibt da einen Teil in mir, der es besser weiß als meine Beine und mein innerer Schweinehund und das ist mein Verstand oder nennen wir ihn: Schlaumeier. Der weiß, dass es für das körperliche Wohlbefinden wahnsinnig gesund ist, das Herzkreislaufsystem mal so richtig in Schwung zu bringen, der weiß, dass ich mich danach wahnsinnig gut fühlen werden, der auch weiß, dass ich das schaffe – und ebenso die Beine und auch der Schweinehund. Der weiß, wie wunderbar es sich anfühlt, den eigenen Körper auf diese Art und Weise mal wieder so richtig zu spüren. Ja, das weiß der alles, der Verstand und eigentlich kann ich mich doch auf ihn sonst immer recht gut verlassen. Warum also nicht auch jetzt?

Wie du siehst, berichte ich hier, wie so oft in diesem Buch, von verschiedenen inneren Stimmen, die wir im Volksmund Engelchen und Teufelchen nennen oder aus Goethes Faust "zwei Seelen wohnen ach in meiner Brust" kennen. Im therapeutischen Bereich spricht man hier von inneren Anteilen oder Teilen, auch gerne dem inneren Team – ein Persönlichkeitsmodell nach Friedemann Schulz von Thun. Dies nur am Rande, denn schließlich machen wir hier keine Therapie, aber finden dort doch Ansätze, die für unseren Alltag hilfreich und bereichernd sein können. Was tue ich jetzt also mit diesen beiden inneren Stimmen oder Teilen, die ich jetzt mal Schweinehund und Schlaumeier nennen möchte? Ich setzte mich in aller Ruhe hin und lasse die beiden Stimmen einen Vertrag miteinander aushandeln. Beide haben ihren Standpunkt klar kommuniziert und sind sich offensichtlich nicht einig. Das Ziel ist es, einen Kompromiss auszuhandeln, der beiden gerecht wird – so wie man das auch mit reellen Konfliktpartnern tut, zum Beispiel dem werten Gatten, wenn es um verschiedene Ansichten einer adäquaten Wochenendplanung geht. Ich stelle zunächst fest, was der gemeinsame Nenner der beiden Stimmen ist, also welches gemeinsame Ziel sie eventuell verfolgen könnten. Und das ist ganz einfach, denn beide wollen, dass ich mich gut fühle und mir etwas gönne. Schön – so weit, so gut –, dennoch sind beide der Meinung, dass dies auf unterschiedliche Weise erreicht werden sollte. Nach langem hin und her einigen wir uns auf Folgendes: Wenn der Tag von viel Rumrennerei begleitet war, dann darf als Gegenpol, zur Herstellung der Balance, ausgeruht werden. Wenn ich aber viel am Computer saß und mich wenig bewegt habe, wird gelaufen. Da heute eigentlich ein „Rumsitztag" war, heißt es also: los. Erstaunlicherweise schaffen es die Beine, mitsamt dem Schweinehund, ganz ohne Probleme, und ich fühle mich danach wie prophezeit, großartig, begleitet von einer gehörigen Portion Stolz, dass ich mich überwunden habe und diesen maßgeschneiderten Kompromiss aushandeln konnte.

Zahlreiche weitere kleine Gedankenfallen mischten sich in mein Vorhaben und obige Beispiele sollen nur exemplarisch genannt werden. Selbstverständlich können diese auf viele Situationen übertragen werden und so vielleicht auch dir helfen, Stolpersteine zu überwinden. Wichtig ist der gute Kontakt zu dir selbst sowie das Entlarven der destruktiven und hinderlichen Gedanken. Um das zu bewerkstelligen, diese Gedanken zu entschlüsseln, ist es entscheidend, sich selbst nah zu sein und sich gut zuzuhören – achtsam mit sich zu sein. Dafür hast du bereits die nötigen Werkzeuge der Achtsamkeit und der Meditation zur Hand und darfst dich, mit all deinen Gedanken und Gefühlen und auch Stolpersteinen, neugierig kennen lernen und wenig hilfreiche innere Sätze durch positive ersetzen.

II. Die Meinung der anderen

Wie bereits mehrfach erwähnt und auch am Fallbeispiel meiner eigenen Familie aufgezeigt, sind die Vorurteile mancher Menschen gegenüber Themen wie Achtsamkeit und Meditation weit gefächert. Assoziationen wie esoterischer Hokuspokus, spirituelle Seifenblase, religiöser Firlefanz, buddhistischer Krempel werden nicht selten im selben Atemzug genannt. Auch Annahmen wie: Wer Achtsamkeit und Meditation pflegt, sei egoistisch, denn dieses ständige "Um-sich-selbst-Gekümmere" sei doch wirklich ausschließlich Ich-bezogen. So mancher geht davon aus, dass es langweilig sei, man da ja nur dumm rumsitzen und grübeln würde. Einige verbinden damit sogar die Vorstellung von dämonischen und bedrohlichen Einflüssen, die durch die Innenschau freigesetzt werden und die Persönlichkeit verändern können. Wiederum andere glauben, wer das anwendet, hat ernste Probleme, bräuchte eigentlich eine Therapie und umgeht diesen Schritt durch diesen irrationalen Schnickschnack. Man könnte diese Liste noch beliebig verlängern und jedem einzelnen Vorurteil sowohl wissenschaftliche Studien als auch persönliche Erfahrungswerte entgegensetzen, was an dieser Stelle zu weit führen würde bzw. in den vorherigen Kapiteln bereits geschehen ist.

Ich gehe eher davon aus, dass du bereits darüber nachdenkst, die Vorteile des Ganzen für dich zu nutzen und dich auf den Weg gemacht hast, selbst herauszufinden, was es für dich bewirkt. Es geht in diesem Kapitel vielmehr um die Frage, wie man mit der Hemmschwelle umgeht – genau aufgrund von oben genannten Vorurteilen, – dem eigenen Umfeld, zum Beispiel dem Freundeskreis, davon zu erzählen.

Natürlich muss man das nicht, es geht ja niemanden etwas an, aber ein Gefühl von Geheimhaltung aus falschen Motiven sollte sich auch nicht einstellen.

Ich machte mir Gedanken. Wäre es nicht komisch, mit meinem besten Freund zu telefonieren und über all diese, für mich so wichtigen Erfahrungen nicht gemeinsam zu philosophieren? Muss ich das für mich behalten, weil sonst die anderen denken könnten, ich passe nicht mehr dazu oder ich sei jetzt ganz anders oder ich hätte jetzt völlig den Verstand verloren? Ist es denn nicht so, dass die Auswirkungen mich zum Positiven verändern und zum Beispiel, neben persönlichem Wohlbefinden, auch meine Fähigkeit des Zuhörens, des gemeinsamen Genießens und Austauschens – schlicht die gemeinsame Quality Time – verbessern? Also, eigentlich kein Grund für Befürchtungen und doch war da diese Hemmschwelle, meine Erlebnisse zu kommunizieren. Schon verrückt, fast so, als würde ich etwas Peinliches machen oder etwas Verbotenes, etwas Skurriles, dabei habe ich ja das Rad nun wirklich nicht neu erfunden und erkunde grundsätzlich kein Neuland. Für mich aber eben schon, für mein Umfeld auch – dachte ich –, kommen doch viele meiner Freunde von einem völlig anderen und bodenständigen Background.

Ich erzählte zunächst nur wenigen und das auch nur in Stichpunkten, welche entscheidenden Veränderungen sich gerade in meinem Leben breit machen, und legte großen Wert darauf, das Ganze als Nebensächlichkeit abwinkend zu bagatellisieren. War das richtig? In meinem Falle nein, denn die Motive waren schlicht Ängste vor negativen Reaktionen und keine von Herzen kommende freie Entscheidung. Ich hatte irgendwie schon das Bedürfnis, mich darüber mit anderen auszutauschen, aber ich traute mich nicht. Wenn mich ein Kollege bei einer Achtsamkeit ertappte und nachfragte, was ich mache, sagte ich so was wie: "Ach, ich war gerade in Gedanken beim nächsten Projekt, bin wieder da." Warum antwortete ich nicht: „Achtsamkeit?" Der gesellschaftliche Stellenwert des Ganzen ist kein Argument, denn dieser ist, die paar Skeptiker mal beiseitegelassen, extrem hoch. Das Internet ist voll von Ratgebern, die Literatur empfängt den Suchenden mit unterschiedlichsten Fachbüchern zu diesem Thema, Seminare und Kurse zu Achtsamkeit und Meditation sind langfristig ausgebucht, zahlreiche Unternehmen bieten ihren Mitarbeiten entsprechende Fortbildungen und Coachings an, die gesetzlichen Krankenkassen stellen ihren Kunden unentgeltlich diesbezügliche Online-Angebote zur Gesundheitsprävention zur Verfügung – und das weit über alle Landesgrenzen hinaus. Achtsamkeit und Meditation haben ihren sicheren Weg in unsere internationale Gesellschaft gefunden, legen eine steile und erfolgreiche Karriere hin, sind auf der Zielgeraden dabei, im Privat- und Berufsleben ihren Platz zu finden, sodass man mit Stolz und Recht die Skeptiker wortwörtlich beiseite stellen darf. Eine andere Möglichkeit ist, diese liebevoll mit ins Boot zu nehmen und durch Erfahrungsaustausch, Aufklärung und Anregungen die Vorurteile zu verwandeln. Eine grundsätzliche Akzeptanz der Lebensführung eines Mitmenschen ist in meinen Augen eine Selbstverständlichkeit. Wer ebenfalls dieser Meinung ist, kann seine Befürchtungen, so wie ich, auch selbstbewusst und mit gutem Gewissen begraben. Vielleicht erkennen andere, welche wirkungsvolle Veränderung in dir bemerkbar wird und dass sie nichts zu befürchten haben. Vielleicht machen sie dann eines Tages auch mit bei den „Medilonen" oder nehmen kleine Ideen der Achtsamkeit mit ihren Alltag.

So wie auch mein lieber Herr Gemahl, der sich tatsächlich, eines schönen Tages, nach einem wirklich stressigen Nachmittag zu einer Meditation hinreißen ließ, worüber ich mich wahnsinnig freute. Folgendes war vorgefallen: Der Kleine hatte beschlossen, in der Küche eine Schlittschuhlaufbahn zu eröffnen, und hatte somit die grandiose Idee, dies mithilfe von viel Wasser und dem Gefrierfach in die Tat umzusetzen. Er zog also den ausziehbaren Wasserhahn der Spüle über den Rand, drehte auf und öffnete den Eisschrank. Jetzt musste er nur noch warten, dachte er bei sich, und setzte sich auf den Küchentisch. Papa, der in diesem Moment zuständig war, saß indes nur mal kurz am Computer, versuchte ein neues Carrera-Auto bei eBay zu ersteigern und freute sich, dass es so ruhig war und der Kleinste in der Familie so still und lieb alleine spielte. Mama war im Studio mit Kopfhörern auf den Ohren und bekam gar nichts mit, bis zu dem unvergesslichen und in die

Familiengeschichte eingehenden Urschrei, der sich plötzlich unter meine Musik legte, ausgestoßen vom Papa persönlich, was mich dazu veranlasste, drei Stufen auf einmal nehmend nach unten zu hasten, in der Hoffnung, dass niemand verletzt war. Was soll ich sagen, es dauerte zwei Stunden, bis die Misere beseitigt war. Und der Kleine entschuldigte sein Verhalten mit dem Argument, dass er das im Fernsehen in einem Cartoon gesehen hätte. Nachdem der Herr des Hauses dann auch noch die Auktion um das Carrera-Auto verloren hatte, war der Tag gelaufen. Mein armer Mann war so genervt, dass ich gar nichts mehr sagen musste. "Kann ich mal dein Handy, ich versuch das jetzt?", seufzte er, was ich natürlich widerspruchslos abgab, die entsprechende Playlist für ihn öffnete, noch eine Empfehlung, nämlich: „Kraftquellen - Gelassenheit wieder finden", hinterher flötete und ihn davon ziehen ließ. Er setzte sich in den Garten - auch gut, geht alles. Ich wies die Kinder an, jetzt auf gar keinen Fall zu stören, und beschloss, mit ihnen einen mega-schokoladigen Kuchen mit bunten Streuseln zu backen, was so attraktiv war, dass sie garantiert die Küche nicht verlassen würden. Als er wieder kam, ging es ihm deutlich besser, das war nicht zu übersehen, wobei er schwer damit beschäftigt war, das zu überspielen. Mit geschwellter Brust schritt er zur Kaffeemaschine und sagte majestätisch: "Ich will auf keinen Fall darüber reden." Ist auch nicht nötig, schließt aber den gedanklichen Bogen zur Kommunikation mit anderen. Man kann es für sich behalten, man kann guten Freunden oder Kollegen alles genau erklären, man kann es aus Neugierige auch selbst ausprobieren. Hauptsache: Es fühlt sich für dich richtig an. Möglich, dass es nicht allen gefällt, ebenso wenig wie so mancher Pullover, den ich im Schrank habe, aber in meinem Leben ist noch keine Freundschaft daran zerbrochen, dass ich meditiere. Ganz im Gegenteil: Jede Begegnung mit anderen wurde wertvoller.

III: Das richtige Zeitmanagement und mögliche Fallen

Es macht Sinn, sich die eigenen Ziele nicht zu hoch zu stecken, sondern sie wirklich auf Funktionalität im Alltag zu überprüfen und machbar zu gestalten, um dem Risiko zu entgehen, eventuell vorschnell die traumhaften Pläne wieder über den Haufen zu werfen. In meinem Leben hätten täglich zwei Stunden nur für mich, meinen Sport, meine Achtsamkeit, meine Meditationen, ehrlich gesagt, keinen Platz, nicht ohne erhebliche Verluste auf der anderen Seite – ein Preis, den ich nicht zahlen möchte. So mancher glorreiche Plan zur Lebensveränderung scheitert daran, dass Ziele zu hoch gesteckt werden, sodass sie sich nicht in den Alltag integrieren lassen. Hochmotiviert beschließt man so, besonders gerne beim Jahreswechsel, ab jetzt täglich zwei Stunden ins Fitnessstudio zu gehen, um wieder richtig in Form zu kommen. Dass man diese zwei Stunden aber eigentlich gar nicht hat, stellt man häufig erst dann fest, wenn aus dem neu gewählten Hobby Freizeitstress wird und man es wieder sein lässt – leider allzu oft komplett. Die passende Größenordnung der eigenen Vorhaben sind entscheidend für das Gelingen verantwortlich. Macht man zu wenig, bleibt eventuell der Effekt aus und somit macht die Motivation schnell alten gewohnten Mustern Platz. Plant man im Gegenzug im Eifer des Gefechts und begleitet von einem ungeheuerlichen Motivationsschub zu viel, scheint einem der Berg, den man erklimmen möchte, plötzlich auch gerne mal so hoch und unerreichbar, dass man gar nicht erst mit dem Aufstieg beginnt. So gilt es für jeden, ganz individuell zu entscheiden, wie viel Zeit man investieren möchte und kann, wann und wie genau man seine Träume verfolgt und lebt, ohne sich und das gesamte Umfeld, den eigenen Lebensrhythmus und die Verpflichtungen, die ja nicht einfach verschwinden, damit zu überfordern.

Früher war ich felsenfest davon überzeugt, dass in meinem Leben schlicht keine Sekunde Platz für so was wie Freizeit ist, dass Arbeit und Familie keine Zeit lassen für irgendetwas anderes als mit 250 km/h auf der Überholspur durchs Leben zu rasen. Jetzt bemerke ich, wie einfach es eben doch geht und wie unfassbar bereichernd diese „ME TIME – Meine Zeit"-Momente für mein gesamtes Wohlbefinden sind. Die von mir geplanten kurzen achtsamen Augenblicke können mein gewünschtes Achtsamkeitsfundament bilden. Die tägliche 10-minütige Meditation, meine "Herzenszeit", lassen sich problemlos integrieren, ebenso wie mir dreimal pro Woche meinen "Inselmoment" zu gönnen, den ich, für mich, mit Yoga, Joggen und Lesen fülle.

So kann es weitergehen, so möchte ich weiterleben und noch zahlreiche unvergessliche Momente sammeln, die ich in die Schatztruhe meiner Erinnerungen lege, die inzwischen schon gewaltige Ausmaße angenommen hat, da viele bewusste Momente das bis dahin gewohnte Erleben in unfassbarem Maße bereichert haben.

Meditationsempfehlungen

Im Buch beziehe ich mich im Kapitel über Meditation immer wieder auf Fantasiereisen zu bestimmten Lebensthemen. Um für mich selbst und auch meine Klienten passendes Meditationsmaterial anbieten zu können, habe ich meine eigenen Alben entwickelt. In dem Album „HerzensZeit" befinden sich 33 Meditationen und Fantasiereisen à 10 Minuten. Wenn du mehr darüber erfahren möchtest, besuche gerne meine Website unter:

www.me-time-meine-zeit.de

Dort sind folgende Alben zum Kauf und Download erhältlich:

- Meine Zeit (Katrin Gleiß - Wiedmann)
- Mama Zeit (Katrin Gleiß - Wiedmann)
- HerzensZeit (Katrin Gleiß - Wiedmann)
- BlüteZeit (Affirmationen Katrin Gleiß - Wiedmann)

Viel Spaß wünscht dir
Katrin

Danksagung

Beim Nachdenken über diese letzten mir so wichtigen Worte stelle ich fest, dass ich mir irgendwie ein wenig Seltsam vorkomme, jetzt hier so eine Dankesrede zu halten. Schließlich habe ich doch keinen Oscar oder Grammy oder Sonstiges gewonnen, sondern schlicht ein neues Leben geschenkt bekommen. Aber ist nicht genau das ein Anlass, mal von Herzen Danke zu sagen? Danke all denen, die mich auf diesem Weg begleitet haben und mich unterstützt haben, ihn, trotz Stolpersteinen, immer weiterzugehen. Ja, ich finde schon und so möchte ich bei meiner lieben Familie beginnen, die mich von Anfang an durch Verständnis und Zuspruch ermutigt und unterstützt hat. Danke an meine Kinder, für die zahlreichen heiteren, achtsamen und unvergesslichen Augenblicke, die mich zu so vielen kreativen Ideen inspiriert haben. Danke an meinen Mann, dass er mich hat machen lassen und mir für all meine Vorhaben den Rücken freihielt, ebenso wie an meine Eltern und die Paten meiner Kinder, die immer mit großem Interesse und tatkräftiger Hilfe neue Projekte und Ideen mittrugen.

In beruflichem Kontext möchte ich mich vor allem bei Dr. Björn Migge für den unfassbar bereichernden Input des Lehrmaterials für Coaches bedanken.

Danke an Kirsten Schmiegelt (Personal- und Business-Coach aus Frankfurt), die mich von Anfang an bei meinen Projekten motiviert und unterstützt hat.

Ein weiteres Dankeschön sende ich an Barbara Begerow - Schilling (Coach aus Bremen), die den Themenbereich Hypnose und Meditation in mein Leben brachte, mir dadurch eine wunderbare neue Welt eröffnet hat und die mir ebenfalls immer wieder Mut machte, meinen Weg weiterzugehen.

Danke an all meine Freunde und Kollegen, welche die ersten Entwürfe meiner Fantasiereisen Probe hörten und mir so viel wertschätzendes und wertvolles Feedback gaben, was mich ermutigte, mich immer tiefer ins Thema einzuarbeiten.

Ein besonderer Dank gilt auch meiner Mutter für das erste Korrekturlesen und Babs für zahlreiche Kannen frischen Kaffee während des kreativen Prozesses.

Zuletzt danke ich von Herzen meinem Verleger für sein Vertrauen in meine Arbeit und Kreativität und den liebevollen Ansporn, dieses Buch zu schreiben.

Danke an alle, die dieses Buch lesen und sich daran erfreuen, denn diese eure Freude ist es, die auch mich glücklich macht.

Liebe Grüße

Eure Katrin

Autorin Katrin Gleiß - Wiedmann

Geboren wurde sie 1980 in Stuttgart und widmete ihr Leben nach dem Abitur zunächst voll und ganz den Brettern, die die Welt bedeuten. Als ausgebildete Musicaldarstellerin stand sie jahrelang im Bereich Musical und auch Kabarett auf der Bühne und schrieb hier bereits ihre ersten Bühnenstücke, zunächst für ihre eigenen Programme.

Es folgten viele spannende Jahre als Bühnenautorin und Regisseurin für größere Produktionen, vorrangig für die Kreuzfahrtbranche. Nebenbei widmete sie sich ihrer zweiten Leidenschaft, nämlich der Psychologie, und ließ sich zum Personal Coach/der Psychologischen Beraterin ausbilden. Schließlich ergänzte sie ihr Wissen mit diversen NLP-Zertifikationen und einem Aufbaustudium zum Business Coach.

Sie lebt mit ihrem Mann und zwei Kindern im schönen Ostfriesland und nutzt die herrliche Ruhe das Landlebens für ihre zahlreichen Projekte rund um das Thema Lebenshilfe, Prävention und positives Denken.

Merkblatt für Deine Achtsamkeitsübung
- Was sehe ich?
- Was höre ich?
- Was fühle ich?
- Was kann ich riechen?
Was schmecke ich?
- Wie fließt meine Atmung?
- Was macht meine Mimik?
Wie fühle ich mich?

Printed in Poland
by Amazon Fulfillment
Poland Sp. z o.o., Wrocław

79840975R00070